絵本といっしょに
まっすぐまっすぐ

鈴木 潤

はじめに

人生というものは、自分の意思で選んで進んでいくものと、自分の思いとはうらはらに、何か不思議な力に後押しされるように動いていくものとがあるように思います。京都に店を出すことになったのは、今考えても本当に不思議。ほんの少し前までは誰も考えてもなかったことがどんどんと現実になるのを、自分のことでありながら、どこか離れた場所から面白がって見ているような、そんな感覚がありました。

子どもの本の世界は、三重県四日市市に子どもの本専門店・メリーゴーランドができた1970年代から80年代が一番面白かった時代かもしれません。谷川俊太郎さんや今江祥智さん、灰谷健次郎さん、長新太さん、五味太郎さんなど新しい書き手が子どもたち、そして大人たちに本気で伝えたいことを本という形でどんどんと世に出していた時代。書き手も編集者も出版社も本屋も、そして読み手も、みんなが子どもの本の世界を面白がっていた。そんなふうに思います。日本のあちこちに子どもの本の専門店や文庫が生まれたのもちょうどその頃です。

1972年四日市生まれの私はメリーゴーランドの本で育ったと言っても過言ではありません。そんな私が、こうしてメリーゴーランドの京都店を任されているというのは、ひょっとして必然なのではないかとさえ感じるのです。

　京都店をオープンしたのは 2007 年。始めるからには 20 年は続けたいと思っていました。それは赤ちゃんが大人になるまでの時間という意味で、いつか「ここで小さい頃、本を買ってもらっていたんです」という人がやって来たら、「ありがとう」と言いたいから。そんなふうに勢い込んでいたのに、開店当初はお客さんが来ない日もめずらしくありませんでした。このままで大丈夫かなと不安になる日々が続き、何か自分から発信したいと思って、どこかの誰かに手紙を書くような気持ちで、その日のちょっとした出来事と絵本を結びつけて紹介する「本を読む日々」というブログを始めました。ときどきお客さんに「読んでますよ」と声をかけられるとうれしかったものです。

　日々くり返される日常は、どこかで子どもの本の世界とつながっている。ブログを書きながら改めて実感するようになりました。

ゆっくりと廻り始めたふたつ目のメリーゴーランドは来年10周年を迎えます。私はといえば、結婚をし、ふたりの男の子の母親になりました。

古いビルの一室で始まった本屋からたくさんの出会いとご縁をいただき、気がつけば京都という町に少しずつ根ざしてきたように思います。小さな本屋のひとりごとのような文章ですが、本との出会いのきっかけになればうれしいです。

子どもの本専門店
メリーゴーランド

第１章

私の本屋さん　メリーゴーランド

子どもの頃、本好きの母や叔母に連れられてメリーゴーランドで本を買ってもらうのが、とても楽しみでした。私の生まれた町にメリーゴーランドができたことも、今思えば、不思議なご縁だと思います。店主の増田喜昭さんは好奇心旺盛で負けず嫌い。気に入った本しか売りたくないという頑固な人です。増田さんがメリーゴーランドを立ち上げたのは1976年、26歳の時。書店業界のことは何もわからないのに情熱だけはある増田さんをおもしろがって、当時、四日市市立図書館の司書であった坂倉加代子さんをはじめ、ユニークな仲間が支え、応援してくれていました。

私がアルバイトを始めたのが、1996年。2年間本屋で下積みをし、3年目に企画の担当になりました。

初仕事は沖縄、渡嘉敷島に暮らす作家の灰谷健次郎さんを訪ねるサマーキャンプの立ち上げ。右も左もわからない私をたくさんの人が支えてくれました。私はまるで荒海に突き落とされたような気分でなんとかその夏を乗り切った記憶があります。その後、作家を招いて毎月開催しているレクチャーの段取り、アメリカのチルドレンズミュージアムやドイツのミュンヘンで2年に1度開催される、子どもがつくる遊びの町「ミニミュンヘン」を訪ねるツアーなど、店を飛び出しておもしろいものを見に行く企画も担当しました。そうしていつしか、企画の枠を超えて、メリーゴーランド全体のバランスを整えるような立場になりました。

2007年、京都店の店長を任され、京都に移住。増田さんがある日突然「京都に店を出す！」と言い出したのです。思いたったら後には引かない増田さんの性格をいやというほど知っていたし、私も売られた喧嘩は買うほうなので(もちろん喧嘩ではありませんが)、これは私への挑戦状だと覚悟を決めた訳です。

京都には縁もゆかりもなく、知り合いは作家の今江祥智さんと友人がひとり。新しい店の準備、仕事の引継ぎ、そして家の引っ越しと、とにかく必死でした。

こうして店のある四条河原町からほど近いところに古い町屋を見つけ、2匹の猫との京都暮らしが始まったのです。

2008/2/24

ごはんを、土鍋で炊くようになってから、
おにぎりのおいしさを再発見しました。
大切なのは「のり」です。
のりは、食べる直前に、あぶります。
これが、とってもいい香り！
小さい頃、母があぶったのりにお醤油をつけて、ごはんにまいて、
おいしそうに食べているのを見るのが好きでした。
おいしそうに、ごはんを食べるお母さんって、素晴らしい。
自分が食べて、おいしいと思った記憶より
おいしそうに食べている人の記憶の方が残っているなんて
ちょっとおもしろい。
お弁当がおにぎりの日は、お昼が待ち遠しいのです。

おにぎりをにぎる様子が、丹念に描かれた絵本。炊きたてのごはんの熱さや、いいにおいが伝わってきます。のりをまかれたおにぎりが並んでいる様子は、圧巻。思わず手がのびてしまいそうです。外国に行くときにおみやげにしたら、とても喜ばれました。この本を見るたびに、お米の国に育ってよかったなあと、思います。

『おにぎり』
平山英三 文　平山和子 絵　福音館書店

2/25

私は、しょっちゅう方向が、わからなくなります。

自分を信じて進むと、たいてい迷います。

時々、勘が当たるので、これでまた、ややこしいことになります。

先日、はじめての場所にひとりで行くことになりました。

京都に来たときに、

友人がプレゼントしてくれた昭文社の『京都市地図』を

はじめて開いて、場所を確認。

気合を入れて、地図を清書（自分流にわかりやすくメモする）。

わかったことは、「どんどん　まっすぐ行けばいい」でした。

おばあちゃんの家まで、ひとりで行くことになった男の子。「家のまえの道を、まっすぐきなさい」とおばあちゃんは言います。男の子は自信満々で道草をくって、花を摘んで、まっすぐじゃない方向に歩いて行くので、はらはらします。最後に男の子は言います。「おばあちゃんのおうち　やっぱり　まっすぐだった」

『ぼくはあるいた　まっすぐ　まっすぐ』

マーガレット・ワイズ・ブラウン 作　坪井郁美 訳　林明子 絵　ペンギン社

2/29

お父さんはなんでも知っている人、
お母さんはなんでも作れる人。
子ども心にそう思っていました。
そして、大人になったら、なんでもよくわかって、
なんでも上手に作れるようになるもんだと、思っていました。
そんなわけ、ないですよね！
学ばなければいけません。
きっとまだ、ふたりのできることの半分も、
できないんじゃないかな。

無人島を開拓して、家を建てた父さん。子どもは12人。父さんは子どもたちに、土地を耕して種をまくこと、けものや魚をつかまえることを、母さんはジャムやゼリーをこしらえたり、パンを焼くことを、そして読み書きを教えました。やがて子どもたちは、大きくなり、島を出て行きます。兄さんたちと同じように、島から出た末っ子のマイサスは、久しぶりに自分の育った島を見て、心臓が狂ったようにドキドキして、島に帰ることにします。バーバラ・クーニーが描き出す、移りゆく世の中と変わらない人々の営み、そして受け継がれる思い。私たちも、その一部なんだと、あらためて気づかされます。

『ぼくの島』
バーバラ・クーニー 作　かけがわやすこ 訳　ほるぷ出版

3/26

生まれてはじめて、パンを焼きました。
材料は、粉、水、塩、イースト。たったこれだけ。
本には、いろいろ温度のこととか、細かく書いてあるけれど、めんどうなのは、苦手なので、なるたけシンプルに。
昔から、家庭で作られてきたのだから、そんなに神経質になる必要ないはず。私にだってできるはず。
そう信じて、混ぜる、こねる、ひたすらこねる、発酵させる、焼く。
そうすると、できたのです。
夢のようながっしりしたパンが。
そうして、冷ましておいたら、うちの猫に食べられたのです！
まるで、“おだんごぱん”のようでした。

むかしむかし、ひとりのおじいさんが、なにかおいしいものを食べたくなりました。そこで、おばあさんは、残り少ない粉を集め、おだんごぱんをこしらえました。さて、おだんごぱん、ころん、ころころころがり出すと、おじいさんたちから、逃げ出します。いろんな動物が、おだんごぱんを食べようとしますが、うまくころころ逃げていきます……。くり返しのおもしろさ、軽快な歌、あっけない結末。わかりきっているのだけれど何度でも読みたくなる、これぞ民話の魔法です。

『おだんごぱん』
ロシア民話　瀬田貞二 訳　脇田和 絵　福音館書店

4/5

100年たってもなくならないと、信じているもの。
本と手紙。
どれだけ、私たちの生活が、便利な物であふれたって
気持ちや、思想を伝える方法で、
このふたつにかなうものなんて、ありません。
紙に記された文字は、書き手の元を離れて、
ひとりで伝えたい人のところに、出かけていきます。
どんな紙なのか、ペンは？　インクは？　その佇まいは？
もう、何十年も何百年も前から、続いてきた大切なこと。

いちじくの木にかかっている、ぼくの赤い郵便箱。ある日、中に1匹のかえるがもぐりこんでいた。ぼくに届く手紙を見て、かえるはとてもうらやましそうに、「どうすれば、ぼくにもてがみが来るんだい」と尋ねてきた。手紙を待ち続ける、かえるがけなげで愛らしい。手紙を待つ時間の切なさやわくわくした気持ちがよみがえります。

『てがみをください』
やましたはるお 作　むらかみつとむ 絵　文研出版

4/18

贈り物を考えるのが好きです。
もちろん、もらうのも大好き。
いろいろ想いをめぐらせて、
とっておきを思いついたときの喜びといったら！
贈り物は、物にまつわる想いやエピソードも
重要な要素ですよね。
弟たちがまだ小さかった頃、近所の八百屋さんで、
きゅうりとお豆腐をそれぞれ選んで
「母の日のプレゼントにしてください」と言ったのを
今でも鮮明に覚えています。
あの時は、「はずかしい」と思ったのに、
今は「誇らしい」と思います。

お母さんの誕生日、女の子は、何かをプレゼントしたいのですが、あげるものが何もありません。そこで、うさぎさんに相談します。お母さんの好きな「あか」を探して森を歩いたり、「きいろ」を探したり。すっかり日が暮れた頃、素敵な贈り物がそろうのです。

『うさぎさん てつだってほしいの』
シャーロット・ゾロトウ 文　モーリス・センダック 絵　こだまともこ 訳　冨山房

4/19

先日、友人の家に遊びに行きました。
赤ちゃんがいるお家です。
甥っ子や、姪っ子にもなかなか会えないので、
赤ちゃんを抱っこできるのがとても楽しみでした。
「かわいい」という言葉なんかじゃ、申し訳ないような、
尊い存在としてそこにいる。
「この子がいるだけで、満足」
ふたりとも言葉にはしないけれど、
そう言っているようでした。

「うまれたくなかったから　うまれなかった　子どもがいた」。冒頭の一句は衝撃的。今まであたりまえだと思っていたいろんなことを、ぐらぐらと揺さぶられたような、気分になったのです。あることがきっかけで、子どもはうまれることを決心します。うまれた子どもは、おかあさんのにおいをかぎ、おなかもすいて、風が吹くとげらげら笑います。「生きているってそういうことなんだ」。読み終わった後、何かがすとんと、おなかにおさまったような気分になりました。

『うまれてきた子ども』
佐野洋子 作　ポプラ社

5/5

夜、眠る前に本を開きます。
これはとっておきの睡眠薬。
私は５分と目を開けていられません。
悲しいことがあっても、
眠れないくらいうれしいことがあっても。
本を開けばたちまち眠たくなるのです。

「あすは、もしかすると……」そんな言葉が印象的なこの絵本。あたらしい友だちと出会う？　なくしたおもちゃが出てくる？　マーケットに買い物に行くかも……。ぐっすり眠ればほら不思議。「あすは　いっぱい　できるよ　きょう　できなかったことも」。明日が待ち遠しくなる魔法、詰まっています。

『あすは きっと』
ドリス・シュワーリン 文　カレン・ガンダーシーマー 絵　木島始 訳　童話館出版

5/11

「お風呂にもぐるからみとって」
「ピアノひくからきいとって」
「ジャンプするから、じょうずっていって」
いつだって、好きな人に見ていてほしかったということを、
思い出しました。
見ている方はというと、「はいはい、またなん」と
少し迷惑そうだったような。
子どもも大人も、「好きなだれか」がいないと、
調子が出ないものですね。

大きな野原に暮らす、動物の親子。子どもの成長を見守るかあさん、のびやかに育つ子どもたち。「あなをほってごらん」と、かあさんがめ。「あなを　ほるから　みててね」と、子がめ。「まばたき　してごらん」と、かあさんふくろう。「まばたき　するから　みててね」と、子どもたち。見開きの輝く太陽の黄色。ラストのページの夜ののはら。自然の隅々を言葉少なく語り尽くした、隠れた名作。あたたかく、時にきびしい「おおきなのはら」は、母親そのもの。

『おおきなのはら』
ジョン・ラングスタッフ 文　フョードル・ロジャンコフスキー 絵　さくまゆみこ 訳　光村教育図書

5/13

今朝、窓を開けるとアゲハ蝶がひらひらとやって来ました。
蝶はどうやら、私の育てているパセリに卵を産もうかと、
考えあぐねているようでした。
こんな小さなパセリの苗だもの、
きっと青虫はペロリとたいらげてしまうでしょう。
私だって食べたいし、
「もっといい場所、あるんちゃうかなあ」
とつぶやいてみたけれど、どうでしょうか。

世界で一番愛されている「あおむし」といえばこの子でしょう。とにかくはらぺこ。いちごにすもも、アイスクリームにぺろぺろキャンディー、なんだって食べてしまいます。おなかが痛くて、しくしく泣いている顔なんて、最高に愛らしい。たくさん食べて、ぷくぷくに太ったあおむしは、サナギとなり、そして……。やっぱり、うちのパセリじゃ満足してもらえそうにありません。

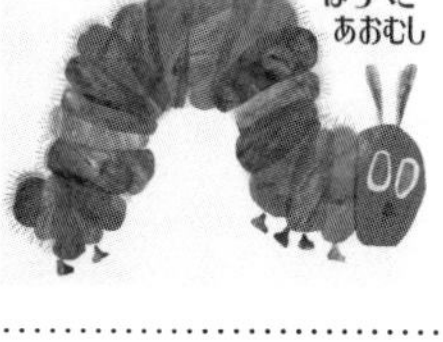

『はらぺこあおむし』
エリック・カール 作　もりひさし 訳　偕成社

5/14

私は、電卓をたたくのが得意です。
数多くの即売会場で培われた、私の自慢の技であります。
子どもたちの前で、電卓をたたく機会があると、
彼らは「すっげー」「むっちゃはやい」「かっこええなあ」
と感嘆とため息のまじった声をあげます。
あるとき、ひとりの男の子が私に言いました。
「あんたすごいわ、あんたみたいになりたいわ」

こぶしの花が咲いたら、とうさんが帰ってくる。くまの子は、毎日楽しみに待っていました。久しぶりに会うとうさんは、山のように大きく、歩く姿も、川を泳ぐさまも、かっこいい。くまの子は言います。「ねえとうさん　ぼく、とうさんの子どもでうれしいよ。すごく、とうさんらしいもの」。すると「おれは　ただ、くまらしいだけさ。くまだからね」ととうさんは静かに言うのです。

『ねえ とうさん』
佐野洋子 作　小学館

5/21

店を閉めて外に出ると、
まだうっすらと日暮れの色が残っていました。
夜になるほんの少し前のひとときです。
空を見上げるとお月さまが光り、
その下に大きな雲がうっすらと、でもくっきりと
夕闇に染まって浮かんでいました。
空が刻々と色を変えていく中で、
あの瞬間に空を見上げたことに満足して、
家路につきました。

空がレースに見える「ビムロス」の夜。すべてが不思議な世界の色に変わってしまう夜。そんな夜は、かわうそが歌い、木たちはダンスをし、不思議なことだらけ。そして、特別なパーティーが開かれるのです。ホロウィッツのおとぎ話のような文章と、クーニーの描く子どもたちと紫の夜が、この本に不思議な夜の空気を見事にはらませています。こんな特別な秘密をまとった夜の気配に、気づける人でありたいと思います。

『空がレースにみえるとき』
エリノア・L・ホロウィッツ 文　バーバラ・クーニー 絵　しらいしかずこ 訳　ほるぷ出版

5/27

もうすっかり大人になりましたが、
自分の中には、小さい自分が存在すると感じることがあります。
それは、私の真ん中にあるもの。
そんな小さい私が見たら、喜びそうな本に時々出会います。
これもその一冊。
読み終わると、小さい私が、「もう　いっかい」と言います。
「はい、喜んでもう一回」と私。

ぞう、ふりこどけい、かえる、いもむし、クロール、おかあさん。まえむきとよこむき。そして、うしろむきまで描いてあります。かたわらには、短くくり返す文章。たったこれだけ。多くを語らないけれど、それで十分。感じればいいのです。たったそれだけのこと。思わず、おなかの中からふくふくと、楽しい気持ちがわきあがってくるでしょう。

『まえむき よこむき うしろむき』
いのうえようすけ 絵・文　福音館書店

6/14

道具が好きです。それも働き者の道具。
力強い大工道具とか、磨き込まれたお鍋とか。
作った人の手のあとが残っているようなものに心惹かれます。
青森では根曲がり竹のかご、丸亀ではほうき、
フランスではちりとり、サンフランシスコでは電話、
スウェーデンではさみ、メキシコではすりこぎでした。
知らない土地に行くと、見たこともない道具に出会えるのが、
また楽しいのです。

コップちゃん、おさらさん、おちゃわんちゃん。いつも使っているものたちが、こう呼びかけるだけで友だちのように思えてきます。せんたくきさん、そうじきちゃん、せっけんくん。ちょっとしたことで、うちの中が楽しくなりそうです。柳原さんのシンプルな絵も愛嬌たっぷり。

『おうちのともだち』
柳原良平 作　こぐま社

6/18

「スイミング教室に通う？」と母に聞かれ、
「行く」と言ったのでしょう。
そういうとき、私はとりあえず、
「行く」と言ってしまいがちです。
そして、やっぱりいやでたまらず、
毎回、毎回泣いていたのです。
休憩時間、「泣かんかったら、おやつ買うてくれる？」
と母に確認して、
そのたびに母は「もちろん、買うたるよ」
と約束してくれるのですが、
一度も買ってもらった記憶はないのです。

子どもの頃の豊かであたたかなものと、自分の力ではどうしようもない、理不尽で切ない思いが詰まった名作。ちいさいモモちゃんを取り囲む状況が、自分に重なって仕方なかったものです。あの頃、泣かないようにと、必死で自分を支えていたのは、「モモちゃんが注射をして、泣かなかったら、ガムを買ってもらえる」というエピソードと自分を重ねてのことでした。必死だった４歳の頃の私に「がんばったね」と言ってあげたいです。

『ちいさいモモちゃん』

松谷みよ子 作　小室一郎・喜多京子 造形　講談社

6/21

電車で男の子が本を読んでいました。
夢中になっています。
でも彼はとても眠いようで、
ときどき眠っては目を覚まし、
また本の中に入っていくのでした。
そのはざまにいる姿を見ているだけで、
しあわせな気分になりました。

ある日のこと、1匹のねずみが木の下で本を読んでいると、いたちにつかまえられてしまいます。いたちはさっそく、スープを作ろうとねずみをお鍋に入れます。さて、ねずみくんそこでひと言、「スープってのは、おはなしを入れなきゃおいしくならないんだよ」。お話をもっていないいたちは、ねずみにお話をしてもらいます……。本好きなねずみと、どこか間の抜けたはらぺこいたちの知恵比べ。無事家に帰ったねずみはまず何をしたと思います？おはなしばんざい！

『おはなしばんざい』
アーノルド・ローベル 作　三木卓 訳　文化出版局

6/23

３歳の姪っ子から電話がありました。
「今日は何するん？」と私が聞くと、
「あんな、ひきこもりするん」と言うのです。
どきっとして「ひきこもりって何するん？」と聞くと
「雨やでな、おうちでいろいろ楽しいことするん」と姪っ子。
なるほど。「ひきこもり」という言葉に反応して
いろいろ考えさせられた瞬間でした。

時として、子どもの本の底力を感じさせられるものに出会います。これは、まさにそんな一冊。いつもと同じ夏の一日。特別なことは何もなかったはずなのに、ある瞬間からぼくはまわりの景色も、人の顔も少し違うように見えたのです。その微妙な心の変化を、片山さんは見事に描き、杉山さんは限られた言葉で表現しています。むずかしい哲学書を読むよりすとんとおなかにおさまるはず。だれかに教えてもらうものじゃなく、自分で「ぼくにきづく」瞬間をたくさん持って大人になりたい。

『ぼくに きづいた ひ』
杉山亮 作　片山健 絵　理論社

6/25

メリーゴーランドの後輩が
東京暮らしをすることになりました。
遠く離れたところで、新しい暮らしを始めるとき、
ありきたりな言葉ですが、
期待と不安の両方でいっぱいになると思います。
いやなことがあれば、すぐに元気がなくなったり、
いいことがあれば「大丈夫」と気持ちが強くなったり。
そのくり返しで、少しずつその土地や人に
なじんでいくのでしょう。
体が資本ですから、パンの食いだめとか、
無理な食生活だけは気をつけてほしいものです。

おじいちゃんは、お見舞いに来た孫に自分の人生を語って聞かせます。いろんなことがあったけど、とてもしあわせだったと。そして、自分はいつもだれかに守られていたんだということが、今ならわかると……。きっとおじいちゃんと孫の間でしか、語ることのできないものがあるのではないかな。私もおじいちゃんと交わした、言葉のひとつひとつを思い出しました。いつもだれかが、見ているから、大丈夫なんやに！

『いつも だれかが…』
ユッタ・バウアー 作　上田真而子 訳　徳間書店

6/29

京都に来て 10 ヶ月になります。
時間が過ぎるのはなんて早いのでしょう。
この本のかえるは、まさに私です。
井戸はお店。
ここにじっとしていたら、
それなりに時間は過ぎていくけれど、
それじゃあおもしろくないですものね。
お店を育てていくためにも、
自分もいろんな人に会って、もっと本を読んで……。
することはたくさんあります。

井戸の中に1匹の、かえるが住んでいました。井戸はなかなか住み心地もよく、かえるはしあわせでした。ところがある時、かえるは「よし、せかいのはてをみてやろう」と石垣を登り始めます。生命力にあふれる色彩の中に、飛び込むために、長く、強い足でいままででいちばん大きく跳ねた、かえる。新しい世界に飛び込んだかえるは、希望と勇気に満ち満ちていました。

『せかいの はてって どこですか?』
アルビン・トゥレッセルト 文　ロジャー・デュボアザン 絵　三木卓 訳　童話館出版

9/14

あと３日です。
そう、メリーゴーランドが京都にできてあと３日で１年です。
ここで 362 日もの日々を過ごしてきたなんて！
まだ店がオープンして間もない頃、
メルヘンハウスの三輪さんと、
クレヨンハウスの岩間さんがお祝いに来てくれました。
「あなたらしい、いい店になったね」と言ってくれたのが
何よりうれしかったことを思い出します。
「月日が経つのは早い」と言うのは簡単ですが、
ちゃんと地に足をつけて歩いてきた１年であったかなと
振り返りつつ、まだまだ前進あるのみだと思っています。

１秒間ってどんな時間？　何ができる？　じゃあ、１分間は？　１秒間はしゃっくり１回、１分間は好きな歌が歌えるくらい……。１秒からはじまる時間の旅に出かけましょう。身近な物事を例に考えると、時間に親しみがわいてきます。おちおちしていたらもったいないなんて大人は考えがちですが、「こどものじかんは、まだまだつづく」「きみはずんずんそだっていく」など、この本には、安心して時間を過ごすちょっとしたアイデアや言葉が散りばめられていて、ちゃんと自分の時間を過ごしていれば大丈夫だということに気がつくのです。

『しゃっくり　１かい　１びょうかん』
ヘイゼル・ハッチンス 作　ケイディ・マクドナルド・デントン 絵　はいじまかり 訳　福音館書店

9/24

おばあちゃんの家には
「おかしのカンカン」と呼ばれていた缶がありました。
そこにはいつも、
そばぼうろかピーナッツせんべいが入っていました。
たまに「ルマンド」。ABCチョコレートもときどき。
このおかしのカンカン、赤がベースのタータンチェックで、
丸くて炊飯器くらいの大きさ。
だいぶ使い込まれてぼこぼこになっていましたが
子どもたちには、大切なカンカンでした。
「おなかすいた」と言えば
「おかしのカンカン見てみぃ」と必ずだれかが言ってくれる。
それはささやかな儀式のようなものでした。

モモちゃんはこの頃とってもいじわる。おもちゃのくまのルウをほうりだして、「ルウなんていらないもん、おうちへかえりなさい」なんて言うのです。ルウは少し泣いて、それから家を出て行きます。ルウがいなくなったことに気がついたモモちゃんは、ポケットにパンを入れて、ルウを探しに出かけます。あの頃の私は残酷でいじわる、そして無邪気でとてもたくましかった。おかしのカンカンが大好きだった頃の、私のお気に入りの一冊。

『ちいさいモモちゃん２　ルウのおうち』
松谷みよ子 文　中谷千代子 絵　講談社

9/28

ある日、メリーゴーランドの本棚のはしごを見て
２歳くらいの男の子が、
「コウジシャリョウ　コウジシャリョウ」と言って大興奮。
先日はお母さんと本を選んでいた子が、
「カシダシ！」と言って本を
カウンターに持ってきてくれました。
まだ話し始めたばかりの子どもでも、
むずかしい言葉をたくさん知っているものです。
アメリカにいた頃、私のつたない英語を聞いた３歳の女の子に
「もっとちゃんとしゃべってくれなきゃわかんない！」（もちろん英語で）と言われたこともありましたっけ。

ぼくはいろいろしってるよ。ねこがなんて鳴くか、家が何でできているか、本は紙をとじたもので、ケーキはじっくり焼いたもの……。身近なものから、空に浮かぶお月さままで、子どもは本当にたくさんのことを知っているものです。でも大きくなればもっともっと知ることができる。50年以上も前にアメリカで出版された本。デザインも素晴らしい。

『ぼくはいろいろしってるよ』
アン&ポール・ランド 作　青山南 訳　福音館書店

10/6

私が本を好きな理由のひとつに、
「しあわせなため息」があります。
一冊の本を読み終わり、本を閉じるのと同時に、
体の中に言葉がおさまっていくというか、
染み込んでいくのをじっと待つとき、思わずもれるため息。
この感覚を何度も味わいたいけれど、
なかなか出会えるものではありません。
最近、私にため息をつかせた一冊。
物語も絵も、装丁も帯の言葉までも、すべてに満足。
だって帯には「時がきた」とあるんですよ。
読まないわけにはいかないでしょう？

オリヴィアは９歳。気むずかしい５歳の妹ネリーの唯一の理解者です。ふたりはひょんなことから、ひと夏をあまり会ったこともない、おばさんの家で過ごすことになります。そこには草深い大きな庭があって……。何かに導かれたとしかいいようのないこの物語は、待つこと、感じること、少しずつほぐれていく何かを見つめることの大切さをそっと教えてくれます。

『花になった子どもたち』
ジャネット・テーラー・ライル 作　市川里美 絵　多賀京子 訳　福音館書店

10/7

絵本は開き、ページをめくり、そして閉じるものです。
私たちが歩いたり、息をしたりするのと同じくらい自然に。
ページをめくる喜びをわかっている人が作った絵本は素晴らしい。
見返しの色、ひかえめに配置された文字と余白の多い扉ページ。
次に女の子がベッドから起き上がり、
窓の外を行く人を見るページ。
言葉はありません。
でも女の子の気持ちが十分に伝わるのです。
そして流れるように、はじまる物語。
この作品がデビュー作になる、画家のジョナサン・ビーンは
バージニア・リー・バートンやワンダ・ガアグに影響を受けた
そうです。
新しい作家の誕生が本当にうれしいです。

女の子はパパが焼いたアップルパイが大好き。甘くておいしいりんご、たくましいりんごの木、冷たくて気持ちのいい雨、燃えるように輝くおひさま……、そのどれかひとつが欠けてもアップルパイはできないのです。アップルパイに雨もおひさまも全部が詰まっているように、この本にも絵本を読む喜びが全部詰まっているのです。

『パパがやいたアップルパイ』
ローレン・トンプソン 文　ジョナサン・ビーン 絵　谷川俊太郎 訳　ほるぷ出版

10/19

友人が自宅を改装して、小さなお店を始めました。
彼女が作った洋服や小物のお店です。
案内をいただいて、さっそくのぞいてみると、そこには
丁寧に作られた物たちが、こぢんまりと並んでいました。
買い物に行くと、たくさんの中から選ぶことがあたりまえになっているけれど、決してそれが豊かなことではないなと思いました。
とてもまっとうな、作り手の想いがきちんと詰まった空間で、
私は水色のコートを注文しました。

すみれおばあちゃんは縫い物上手。けれど近頃は目が弱って、針に糸を通すのがむずかしくなってきました。そこで、家の前を通る人に「いとをとおしてくださいな」と頼むのですが……。孫のれんげちゃんのためにこしらえたワンピースのかわいらしいこと。ひと刺し、ひと刺し、刺繍のように、丁寧に描きこまれた絵が物語をいっそう引き立てています。

『すみれおばあちゃんのひみつ』
植垣歩子 作　偕成社

10/22

看板なんてなくて、小さな小さな店で、ご夫婦でやっていて、
決して目立たなくて、雑誌なんぞにも載らないお店。
扉を開けた途端、なんともいえないいいにおいがして、
メニューを隅から隅まで眺めながら、
あれこれ想像をふくらませて、
なにもかもがおいしくって、
このままずっと食べていられたらと思わせるお店。
そんな夢みたいなレストランの近所に住んでいます。

カボチャが歩いていると、いろんな虫や動物が「カボチャがたべたーい」と言って寄ってきます。「いいよ」と言ってカボチャはみんなをのせてやります。「カボチャいただきまーす」と、みんなはカボチャの全部を残さず、それはそれはおいしそうに食べきります。残ったのは種だけ。種は土にもぐってまた新しい芽を出すのでしょう。食べることの尊さと力強さにあふれた一冊。

『カボチャありがとう』
木葉井悦子 作　架空社

11/5

いつもブログを楽しみにしてくれているお客さんから、
「最近どうかしましたか？」と声をかけてもらいました。
「3日くらいさぼっていました」というと
「いえいえ、1週間くらいですよ」
と言われて驚きました。
意識をしてとどめておかないと、時間はどんどん過ぎていくのです。
一体私は何をしていたのでしょう！
ここのところ朝も目が覚めないし、いよいよ冬が近いということでしょうか。
このままでは冬眠しかねないので、気を引き締めていきたいと思います。

「たいせつなこと」ってなんだろう？　いいお天気なのに何もすることのないお休みの日とか、家族が寝静まった後の夜の台所とか、ちょっと落ち込んだ日の午後とか。ページを開けばそこには、静かな時間と小石ほどの大きさかもしれないけれど、自信と勇気がきちんとおさめられているのです。

『たいせつなこと』
マーガレット・ワイズ・ブラウン 作　レナード・ワイスガード 絵　うちだややこ 訳　フレーベル館

11/10

憧れの飲み物「コーヒー」そして「ビール」。
このどちらも私にはあまり縁がなく、
そのだれをもとりこにする魅力がわからないつまらなさ。
コーヒー好きの人は
「朝、コーヒーを飲まないことには目が覚めない」と言うし、
ビール好きの人は仕事が終わったら
「ビール、ビール」と言いながら家路につくとかつかないとか。
私の祖父は喫茶店を営んでいましたし、
母は、「いくら飲んでも酔わないから、もったいないので飲まない」なんてかっこいいことを言う人なのに。
もう大人になってしまったから、
コーヒーとビールを好きな人を眺めて楽しむことにします。

まよなかさんは真夜中のコーヒー屋さんです。お店には「くっきり」「ゆったり」「びっくり」「にっこり」などと書かれたコーヒー豆がぎっしり。満月の夜、まんまる島で行われる夜空の観測会から注文があり、まよなかさんはおおはりきりです。早川純子さんの描くちょっと不思議な世界が、コーヒーの香りと共に漂ってきそうです。

『まよなかさん』
早川純子 作　ゴブリン書房

11/11

先日、友人の結婚式に参加してきました。
こぢんまりとした会場には 60 人ほどのお客様。
ふたりとも「好きな人ばっかりが集まってくれて本当にうれしい」としあわせそうでした。
主賓の挨拶は絶品で「平穏で幸せな家庭を築いてほしいなんて言いません。お互い刺激し合ってサーカスのようにスリリングな結婚生活を期待します」と名スピーチ。
ちゃんとけんかのできるふたりにはぴったりの言葉だと、深く納得しました。
笑いの絶えない、素敵な結婚式でした。

「好き」という気持ちを伝えようと描かれた絵本は数あれど、やっぱり私はこれが好きです。大げさでなく、シンプルなところも、毛のある動物を描かせたら世界一といわれたガース・ウィリアムズの描くうさぎたちの表情も、さんさんと光のふりそそぐ場面はなく、全体に淡いうす曇りのような色彩も。静かなしあわせを祝福しているよう。

『しろいうさぎとくろいうさぎ』
ガース・ウィリアムズ 作　まつおかきょうこ 訳　福音館書店

11/12

うちはわがままな本屋です。
メリーゴーランド店主の増田さんがとびっきりの「わがまま」なので、しょうがありません。
好きな本しか置かない。
売りたい本しか売らない。
納得しないと売らない。
こんなこと言っているから、商売上手とはとても言えないけれど、好きな本に囲まれて、食べていけたらいいんです。
でも気持ちのいいわがままってありますよね。私も増田さんのわがままをしっかりと受け継いでいると思いますが、きっと足元にも及ばないはず。

よくこんな本を出版できたなと思います。大きい、分厚い、高い。しかもポスターほどの大きなページが4ページ。開きにくい。きっと破れてしまうでしょう。けれどそんなことどうでもよくなっちゃうほど、素晴らしい。何度も開いて目の前でその景色を楽しみたいのです。春にはその水の清らかさを、夏にはその熱気を、秋には空の高さを、冬にはしんとした密やかな空気を感じることができるのです。

『はる なつ あき ふゆ』
ジョン・バーニンガム 作　きしだえりこ 訳　ほるぷ出版

11/22

店の窓から東をのぞむと、そこには
鴨川、東山、清水寺、八坂の塔が見えます。
いつも眺めているはずの景色の中に、
今朝はひときわ目を引く黄色を見つけました。
ちょうど雲の切れ間からその黄色にまっすぐに光があたって、
光り輝いていたのです。
黄色のそれは大きくそびえ立っている、いちょうの木でした。
どうして今まで気がつかなかったのでしょう。
明日早起きして、あの木に会いに行こうと思います。

身近にある木について、こんなふうに考えたことってありませんでした。この本を読んだ後には、学校帰りにいつも眺めていたいちょうの木や、田んぼ道の真ん中にそびえ立っていた柿の木、裏山のやまももの木やいろんな木を思い出しました。語らず、動かず、ずっとそこにある存在。「木ってええなあ」と思います。

『木はいいなあ』
ユードリー 作　マーク・シーモント 絵　さいおんじさちこ 訳　偕成社

11/26

３日間続けて、同級生が店に来てくれました。
「四日市におったら近すぎてかえって会わんのになあ」と
言い合いました。
子どものときのことを、お互いに知っとるというのは、
これまたおかしなもんで、もうすっかり大人になっとるのに、
いつもはどっかに潜んどる子どもの自分が元気になって、
なんだかくすぐったいような不思議な気持ちがしました。
今日は三重弁で失礼。

学校。家とは違うところ。機嫌が良くっても、悪くっても、おなかがすいていても、眠たくても、ほかにとっても行きたいところがあっても、行かなきゃいけないと思っていたところ。読み書きを習って、歌を歌って、体操して、友だちができて、そして家に帰るところ。

『がっこう』
ジョン・バーニンガム 作　谷川俊太郎 訳　冨山房

11/29

中学生の頃、『プリティ・イン・ピンク』という映画に夢中でした。モリー・リングウォルド主演、1980年代の映画です。
そのオープニングのワンシーン。モリーが学校に行く身支度をしているのですが、さっと開けた引き出しには、色とりどりのネックレスやら、ピアスやらがごちゃごちゃと無造作にほうりこまれていて、キッチュなかわいさであふれていました。
そこからピアスを選び、カラフルなタイツをはいて、チャーミングな唇に口紅をひいて家を飛び出します。
今朝、自分の引き出しを開けて、ブローチを探しているとき、「ああ、あの映画に憧れていたから、この引き出しはごちゃごちゃなのか」と納得。あふれんばかりの情報の中で、自分の中にひっかかっていることって、そんなささいなものだったりするものです。でもその小さなことが集まって、今の自分をつくっていると思うと、おもしろいですね。

お姫さまになりたいと思っていた女の子の前に、ある日突然、お迎えの馬車があらわれます。なんとそれは、世界中のお姫さまを育てた名門「おひめさま城」からの使いで、そこで修行をすれば、お姫さまになれるというのです。お姫さまとしてのたしなみから、あげくの果てには竜ややまたのおろちとの戦いまで！　無事に卒業証書を手にした女の子は……。遠い外国や、むかしむかしの話しなんかじゃなく、「私にも馬車が迎えに来るかも！」と思わせるような、親しみやすい夢みたいなお話。

『のはらひめ』
なかがわちひろ 作・絵　徳間書店

11/30

りんごをどっさりいただきました。
部屋に一列に並べてはしっこから食べていきます。
家に帰るとほんのり甘い香りがしていい気分です。
まるかじりはもちろん、
輪切りにしてコアントローと胡椒をふって食べたり、
焼きりんごにして、どんどん食べます。
りんごを輪切りにすると、芯の部分は星の形をしています。
あの赤い実の中に、密やかに星を抱いているのです。

りんごの実がひとつ。その中に小さな虫が１匹。虫はりんごの果実を食べて大きくなり、繭を作ります。やがて羽根をもつ蝶になり、また卵を産みます。この本には文字はありません。りんごも虫も言葉は持たないからです。けれどもそこには言葉では語りつくせぬほどの物語が息づいているのです。

『りんごとちょう』
イエラ・マリ 作　エンゾ・マリ 作　ほるぷ出版

12/9

人の存在というものは、
姿が見えるとか、声が聞けるとか、
そういうことがなくなったとしても、
あり続けるもので、感じるものですよね。
それが昔の映画俳優だったり、
隣のおばちゃんだったりしても同じこと。

今日、私の中に確かに存在する人が、旅立とうとしています。
その人とはもう話せないけれど、手紙を書きました。
きっとこれから、
彼の存在はどんどん大きくなっていくんやろな。
彼の存在は残された人たちを生かすんやろうな。
たくさんの人たちが、
彼のことを想いながら過ごしていくんやろうな。

ムーチは大好きなアールを喜ばせようと、贈り物を考えます。でもアールはごはんのお皿も、ベッドも、ガムだって持っています。なんでも持っているアールを喜ばせるにはどうしたらいいのでしょうか。贈り物をするときは、物も大切だけれど、その人のことを想う時間が何より大切。あーでもない、こーでもないと、あれこれ考えるのが楽しかったりするのです。そんな中からとっておきを思いついたら、こんなにうれしいことはありませんよね。

『おくりものはナンニモナイ』
パトリック・マクドネル 作　谷川俊太郎 訳　あすなろ書房

12/28

メリーゴーランド京都がオープンして間もない頃、四日市から小学１年生のお客さんが、お母さんと来てくれました。
「お祝いやから、なんでも好きな本一冊選んでええよ」
そう言われた彼が選んだその本とは……。
きっとずっと欲しかった本だったんでしょう。
その選択に迷いはなく、「重いやん、持って帰るの大変やに」とか、「それは四日市で買ったるで、今日は違うのにしたら？」とか、大人たちの説得にもまったく動じず、自分で持って帰ることをお母さんと約束して、見事リュックに本をおさめて帰ったのでした。
仕事納めの今日、本棚を眺めながらそんなことを思い出しました。

20年に及び撮りためた膨大な数のフィルムから選ばれた、1,300点の写真。虫の苦手な人もひとたびページをめくれば、小さいけれど力強い虫たちの驚異の世界に引き込まれていくでしょう。

『世界昆虫記』
今森光彦 写真・文　福音館書店

2009/1/5

年明けの本屋には子どももたくさん来てくれます。
楽しそうに本をじっくり選んでくれた女の子が、
お年玉で本を買ってくれました。
選び抜いた３冊はどれもとっておきのものばかり。
上手に選ぶなあと感心してしまいます。
袋から出された三つ折りにされたお札は、ピンとしていました。
このお金にはいろんな人の想いが詰まっているようで、
身の引き締まる思いがしました。

元旦のこと、子犬のしろ、くろ、ぶちは、春子さんと太郎さんから日記帳をいただきました。お雑煮を食べたら今日は好きなところに行って、戻ってから日記をつけるようにと言われたのです。三匹は電車に乗り、雷門へ遊びに出かけます。三匹は、それはそれは上手に日記を書いたのですよ。生真面目な子犬たちの様子が愛くるしい。お正月にぴったりの絵本。

『三匹の犬の日記』
与謝野晶子 作　つよしゆうこ 絵　架空社

1/9

私の暮らす家は町屋なので、とても寒いです。
どのくらい寒いかというと、家に帰るとコートを脱いで
ダウンベストを着るくらいです。
先日、友人からタヒチのおみやげという、
それはそれは甘くていい香りのオイルをもらったら、
翌日、見てみると白く固まっていました。
ゆずがたくさんあるので、はちみつ漬けを作ろうとしたら、
はちみつも固まっていました。
早く春が来て、
家のなかのいろんなものをとかしてくれないかな。

ある寒い夜のこと、ふくろうくんが暖炉のそばで夕食をとっているとドアをドンドンたたく音がします。だれかと思ってドアを開けると、そこには寒そうなふゆがいました。ふくろうくんはふゆくんに「あったかい暖炉のそばにお入りよ」といって、家の中に招き入れますが……。なんともおかしいお話が5つ。眠る前、お布団の中で少しずつ読むのがおすすめです。

『ふくろうくん』
アーノルド・ローベル 作　三木卓 訳　文化出版局

1/14

窓の外が妙に明るいなと思って振り返ると、
東山の一帯だけ夕焼け前のような明るさで、
光があたっていました。
そしてそこに大きな虹が！
根元のほうがくっきりとした、それはそれは立派な虹でした。
雪がちらついてきたせいか、
道行く人はみんな寒そうに肩をすくめて、
空を見上げている人なんてだれもいません。
「虹が出ていますよ！」と
窓を開けてさけびたくなりました。

ルピナスさんがまだ小さな女の子だった頃、おじいさんとこんな約束をしました。それは「世の中を、もっとうつくしくするために、なにかする」というものでした。ルピナスさんはすっかり成長し、美しい娘になり、かしこい大人の女性になり、海辺の小さな家で暮らす、小さなおばあさんになりました。そして、彼女のやり方で、見事に世の中を美しくしたのです。寒空の中に美しくたたずむ、あの大きな虹を見て、ルピナスさんのことを思い出したのでした。

『ルピナスさん』

バーバラ・クーニー 作　かけがわやすこ 訳　ほるぷ出版

1/17

土曜日の昼下がり、「こんにちはー」と言って
女の子がやって来ました。
おかっぱ頭にぼんぼんのついたマフラーが、
とっても素敵な女の子です。
入ってくるなり「これどうぞ」と
ティッシュに包んだお菓子をくれました。
小さな手紙には「おねえさんへ　いつもかわしてくれてありがとう　ほんすき」と書いてありました。
「ひみつめいたことをするから」と言って
お母さんにも内緒で用意してくれたそう。
本当にうれしかったです。こちらこそありがとう！！

子どもの頃、この本に出てくる子どもたちのように、こまごましたものを集めるのが大好きでした。杉浦さんの描くちいちゃんやおにいちゃん、おねえちゃんは全部が私そのもののような気がして、ページをめくりながら子どもの頃に遊んだ部屋やじゅうたんの模様なんかが浮かんできて、どきどきしました。そんなときだったのです。おかっぱの女の子が店にやってきたのは！　ちいちゃんにそっくりで、本から飛び出してきたのかと思いました。とても心踊る出来事でした。今日はいい日です。

『ちいちゃんのたからもの』
杉浦さやか 作・絵　学研

1/21

1993年、私はサンフランシスコの郊外に暮らしていました。教会の前の古い家で、庭にはレモンの木とくるみの木がありました。アメリカという大きな国にいるのに、私の世界は自転車で通うダウンタウンの学校と、たまにバートという電車で出かけるバークレーやサンフランシスコの街だけ。
本当にこぢんまりとした、慎ましい生活でした。
今考えると、びっくりするような出来事がたくさんあったけれど、とにかく楽しんで日々を送っていた自信だけはあります。あの時の時間は、しっかりと私の糧になっているんだと思います。

坂の多い街、サンフランシスコ。あまりに急な坂のため、馬たちがすべって転んでしまうほどだったそうです。そこで1873年にケーブルカーが誕生しました。みんなの人気者だったケーブルカーも時代の流れと共に、廃止の危機にさらされます……。そこで、ケーブルカーを愛する人たちが声をあげて「サンフランシスコのケーブルカーをまもるしみんのかい」を立ち上げました。さて、みんなの思いは通じるのでしょうか？　この本は、大きな社会問題を扱ってもいますし、ケーブルカーのくわしい構造と魅力もたっぷりと描かれてもいます。そして何よりサンフランシスコの街の素敵さが存分に伝わってくる名作だと思います。

『ちいさいケーブルカーのメーベル』
バージニア・リー・バートン 作　かつらゆうこ・いしいももこ 訳　ペンギン社

2/1

小学１年生の頃、転校をしました。新しい学校は何もかもめずらしく、給食のメニューもめあたらしいものばかり。そこではじめて「子持ちししゃも」に出会いました。
第一印象は、「おいしくなさそうな魚」でした。なのに、クラスの子たちは大興奮。休みの子の分を、じゃんけんまでして奪い合う勢いです。「わたしいらんで、だれかあげる」と言うと、「ちょうだい、ちょうだい」と大騒ぎになりました。
先生が「１匹だけ食べてみたら」と言うので、しぶしぶ食べてみたときの衝撃ったら！
「世の中にこんなにおいしい魚がおったんか。おなかの中に卵がいっぱいはいっとる！」と感激したものです。うちのお父さんは釣りが趣味なので、きっとししゃもなんてバカにされていたんだと思います。

この本の説明や感想をあれこれ書くことなんてできっこない。ぜひ読んでみてください。

『あじのひらき』
井上洋介 作　福音館書店

2/4

ある日、お客さんに「海辺で暮らしている女の子の話で、ほとんど覚えてないんだけど、もう一度読みたくて20年くらい探しているんです。そんなのでわかりませんよね……」と尋ねられました。

私はどうしてか、即座に「『思い出のマーニー』という本ですか？」と言うと、どうも本を手にとってもピンとこない様子。内容を簡単に説明して、ぱらぱらページをめくっていると、お客さんが「鳥が鳴くんです。ピティーミーって鳴くんです。」とおっしゃいます。それは間違いなく『思い出のマーニー』で、私は鳥の鳴き声を20年も覚えていたことに感激しました。

「子どもが小さい時に読んだけど、今ならもっとわかる気がして」ととても喜んでくれました。20年の時を経て再び同じ物語に出会うなんて本当に素晴らしいと思います。

本屋やっていてよかった！

身寄りのないアンナは里親のもとを離れ、療養のため海辺の村の老夫婦のところに預けられます。だれにも心を開かずに孤独な日々を送るアンナ。ところがある日、年の近い少女マーニーと不思議な出会いをします。はじめて出会ったマーニーに、どんどん惹かれるアンナ。夢のような日々が過ぎ、ある日アンナはマーニーの思いがけない秘密を知ります……。心の奥深くを揺さぶる、思春期の頃の物語。

『思い出のマーニー』

ジョーン・ロビンソン 作　松野正子 訳　岩波書店

2/9

子どもは大人に、あきあきするくらい尋ねられる質問が、
たくさんあると思います。
「学校は楽しい？」
「何年生？」
「大きくなったら、何になりたいの？」
わかっているけれど、聞かずにはおられない時もあるもので、
私も姪っ子が４歳くらいの時に
「大きくなったら、何になりたいん？」
と聞いてみたことがあります。
彼女は迷わず「お坊さんかUA」と答えました。
お見事！

うでどけい、おべんとうばこ、ハブラシ、カスタネット、こめつぶ。これ全部、ぼくがなりたいもの。もくもくと広がる想像の世界に胸が躍ります！　子どもの発想って、大人が想像する以上にずっと自由。子どものころの感覚を少しでも取り戻せたら、どんなに楽しいでしょう。

『スパゲッティになりたい』
おいかわけんじ・たけうちまゆこ 作・絵　学研

2/14

店の本棚に「バーニンガムのちいさいえほん」シリーズを見つけた友人が、「小さい頃、これが家にあって、大人になって久しぶりに見たら、私のすべてがここにあって、びっくりした」と言っていました。
子どもの頃に本を読んでほしいと思うのは、
大人になって忘れた頃に、こういう瞬間が、
ごぼうびのようにやって来るから。
それは、ほかの誰にもわからない、
自分だけの密やかな楽しみなのです。

小さいながらも、まわりのことをとてもよく見ている子ども。うさぎが小屋からどうして逃げ出すのか、逃げたらどうして困るのか、ちゃあんと知っています。シンプルに子どもの心情をすくいとった赤ちゃんから楽しめる絵本。

『うさぎ』
ジョン・バーニンガム 作　谷川俊太郎 訳　冨山房

2/25

まゆみさんが店に来ると、部屋の照明が 20 ワットくらい明るくなる感じで、それは雲の間から、おひさまがのぞいたときのような明るさで、その人は本棚を隅から隅まで丁寧に見てくれて、「いい本そろえていますね」とか「ああ、また買いすぎちゃう」と言っては、選んだ本をカウンターに積んでいくのです。
そしていつも果物やら、お惣菜やらを「たくさん食べなきゃだめよ」と言って差し入れてくれます。
ある時、私の敬愛する木葉井悦子さんの本をごっそり買ってくれ、帰り道「うれしくて、うれしくて電車で読んでいたら、隣の人が見たそうにしているのがおかしかったのよねー」と言っていたのが忘れられません。
にこにこして、たくさんしゃべって、「じゃーまたね」と言って帰って行くとその日は一日、ほくほくとうれしい気分でいられるのです。

この本は、とてもとても大切なことをそっと教えてくれます。例えば血のつながり、例えば友情、例えば年を取ること。そして寄り添うとはどういうことか。私たちはひとりでは何もできない赤ちゃんで生まれて、そして大きくなって、そして年を重ね、体はどんどん不自由になっていきます。そのあたりまえのことを素敵に描いてある本。「何かとっておきをおすすめして」とまゆみさんに言われて出した、私のとっておきです。

『とっときのとっかえっこ』
サリー・ウィットマン 文　カレン・ガンダーシーマー 絵　谷川俊太郎 訳　童話館出版

3/1

夜中に突然ホットケーキが食べたくなりました。
かごの中には卵がひとつ。
冷蔵庫を開けると牛乳もあります。
適当に粉と混ぜてフライパンにぽたんと落とすと、いいにおい。
隣の鍋ではいちごとブルーベリーを煮立て、
レモンを搾ってソース作り。
惚れ惚れするような、見事な出来栄えにうれしくなりました。
子どもだったころの自分がそばで見ていたら、
「魔法みたい」ときっと目をまあるくして、喜んだことでしょう。
立派。立派。

1972年に発行されて以来、たくさんの子どもたちを夢中にさせてきた名作。しろくまちゃんがごとごとするボールと格闘しながら粉を混ぜるシーンや、ホットケーキの焼ける様子を描いた見開きは、最高にわくわくします。ホットケーキを焼きながら、気がつくと「ぽたあん　どろどろ　ぴちぴち　ぷつぷつ　やけたかな　まあだまだ」と唱えてしまうくらいですから、大好きだった一冊なのです。

『しろくまちゃんのほっとけーき』
わかやまけん 作　こぐま社

第2章

赤ちゃんがやってきた

京都に店を出すといろんな人が会いに来てくれました。「四日市より近いわ！」と東京のお客さんが駆けつけてくれたり、関西のお客さんもおいしいものを差し入れてくれたりして、お客さんに励まされる日々でした。

なかでもうれしかったのが名古屋のメルヘンハウスの三輪さんと、東京のクレヨンハウスの岩間さんがそろってお祝いに来てくれたこと。子どもの本の専門店も世代交代の時期を迎え、店を閉めたり、縮小したりの選択を強いられているこの時期に新しい店を出すなんて無謀なこと、「いかにも増田さんらしいな」とおふたりは叱咤激励に来てくれたのです。「いい店作ったね」、「僕が店番したいわ」と三輪さんと岩間さんが口をそろえて言ってくれたことは何よりの励みでした。今江祥智さんも食事に誘ってくれたり、店を見にきてくれたりといろいろ気にかけてくれました。ある日、「おもしろいお寺に連れて行ってあげましょか」と、連れて行ってくれたのが徳正寺でした。そんなご縁から徳正寺が生家である、トビラノさんと知り合ったのでした。

初めて会った日、「どこかおもしろいライブハウス知りませんか？」と尋ね、元田中にある「ザンパノ」を教えてもらいました。京都での初めてのライブは「かりきりん」と「吉田省念と三日月スープ」。どちらもとにかくかっこよく、とびっきり素敵で大感激。その日は浮田要三展のオープニングだったので、ずっと会いたかった浮田要三さんにも会えたり、その後、親友ともいえる付き合いになるピアニストの鈴木ちひろちゃんとの出会いがあったりと、京都での私の生活がぐんと音を立てて動き出したような夜でした。

それからしばらくして2009年、トビラノさんと結婚。夏に長男の蓉《よう》が誕生しました。

2009/4/15

桜が咲いたと思ったら、もう葉桜。
長年愛用していた携帯電話が壊れ、
結婚をし、夏には赤ちゃんが産まれます。
そして、元気に鼻をかみながら、店におります。
赤い鼻の自分を励まそうと、
奮発して「鼻セレブ」を使っているのですが、
箱がかわいくて、捨てられず、
もう５箱もたまってしまいました。
我ながら、よくかんだものです。

ある日、パパと海辺を散歩していたスージーは、崖の下に迷い込んだ小さなロバの赤ちゃんを見つけます。家に連れて帰りベンジャミンと名前をつけ、その日からふたりは一緒に暮らしはじめます。ベンジャミンが顔をスージーに寄せているところや、小さい体をベンジャミンにあずけ寄り添うスージーの表情はどれも愛おしさにあふれています。ギリシャの島で撮影されたモノクロの写真からなる絵本。1968年に出版された宝物の一冊。

『わたしのろばベンジャミン』
ハンス・リマー 文　レナート・オスベック 写真　松岡享子 訳　こぐま社

4/25

生まれて２ヶ月しかたっていない赤ちゃんに会いました。
手も足もなにもかも小さくて、やわらかで、真綿のようでした。
こんな存在がこの世にあるのかと思わせてくれるような、
はかなげなのに、しっかりとした強さが宿っていました。

「うまれたばかりの赤ん坊に遺言されるような危うい時代に私たちは生きている、そう感じているのは私だけだろうか」。谷川さんはあとがきにこう記しています。生まれたての赤ちゃんから大人の手前を生きる、若者までの姿を捉えた写真と、谷川さんの詩からなる本書は、読む者にするどい視線を投げかけてくるのです。

『子どもたちの遺言』
谷川俊太郎 詩　田淵章三 写真　佼成出版社

5/2

ある朝、突然に「フライドポテトが食べたい！」と思いました。
さあ、その瞬間から葛藤がはじまります。
私は大人なので、お財布をもってお店に行きさえすれば、簡単に好きなものを食べることができます。でも私のおなかの中にはおちびさんがいるので、そんなジャンクなものを食べちゃっていいのだろうか、とも考えます。
とはいえ、私はただのくいしんぼうなので、もちろんフライドポテトを食べます。でも、はたしてファーストフードのそれは最後のひとつまで、おいしいのかなとまた考えます。
あれこれあれこれ、考えたあげく帰りにジャガイモを買って、家でローストポテトを作りました。
とてもおいしくできたので、すっかり満足したのでした。

素朴で、少しへんてこなイラストと端正な文章を、楽しんでいるうちに、なるほど、「じめんのうえがあるから、したがあるのか」とか「したがあるから、うえがあるのだ」などとおもしろがっている自分に気がつきます。地面の上も下も愉快！

『じめんのうえとじめんのした』
アーマ・E・ウェバー 文・絵　藤枝澪子 訳　福音館書店

5/4

久しぶりに銭湯に行きました。
昔から銭湯でおなかの大きな人を見ると
つい目で追っていましたが、自分がそうなると、
それはとても誇らしい気持ちがするもんでした。
私の暮らしている地域は、子どもが少ないので、
ご近所の人たちや、お風呂で会うおばあちゃんたちの
熱い視線を感じます。
そうして「わたしの時はこうやった、ああやった」と
おばちゃんたちのお産話が繰り広げられるのです。

もうすぐうさぎのおばさんと、おさるのおばさんと、ぶたのおばさんのうちにいいことがあるそうです。まおちゃんは気になって仕方がありません。「いいことってまだですか?」と訪ねて行くたびに、おばさんたちのおなかはどんどん大きくなります。さて、いいことってなんでしょう?

『まだですか?』
柳生まち子 作・絵　福音館書店

5/5

うちの中庭の小さな木に、どっさりとアブラムシがつきました。去年も剪定をしてしのいだのですが、今年もその時がきたというわけです。あまりにほうっておいたので、アブラムシのおしっこなのでしょうか、葉っぱは白くピカピカのベタベタになっていました。
トビラノさんに剪定をお願いしたら、止まらなくなったらしく、私が様子を見に行くと、小さな木はさらに小さく半分ほどの大きさになっていました。すっかり丸坊主になっているというのに、まだ気になるらしく、トビラノさんはハサミを手にずっと首をかしげていました。

森はたくさんの動物の生活を守り、また人間の手で森も守られているということを、改めて考えさせられた絵本。森の豊かさに圧倒されそうになります。一本の大きな樫の木を「これがぼくのたいせつなかしの木だ」と誇らしげに言うニッキーはとても素敵だと思いました。

『ぼくたちのかしの木』
ゲルダ・ミューラー 作　ささきたづこ 訳　文化出版局

5/15

奈良に「風倉 匠展」を観に行きました。
喜多ギャラリーは大きな木がたくさん生えている、
豊かな庭の中にありました。
風が気持ちよさそうに木々を揺らすと、
ざわめきが聞こえて、夕方の光がちらちらとこぼれます。
落ち葉を踏みながら空を見上げると、
懐かしい気持ちになりました。

子どもの頃、父に連れられ山に行ったときに感じた記憶。
そこには何もなく、何も存在しないのに、
すべてがあるような感覚。
さみしいような、ひとりぼっちのような、
でも満ち足りた気持ち。

そして、まどさんの詩を思い出しました。

おなかに赤ちゃんがいるというのは、不思議です。このおちびさんは、私の子どもであって、私の子どもでない。遠くのどこかからの、預かりもののような、そんな気持ちがするのです。お母さんの存在を通り越して、何かが赤ちゃんに語りかける感覚、今の私にはとてもよくわかります。それがわかる自分がうれしい。

『おなかの大きい小母さん』
まど・みちお 詩　はたこうしろう 絵　大日本図書

5/25

うちにはミシンがないので、たいていのものは手縫いです。
どうしてもミシンが必要なときは、お向かいさんに拝借。
お向かいさんは、もう 40 年も愛用しているという、
足踏みミシンを使っています。
黒くてつやつやのミシンをはじめて触った時には、
感激しました。
しっかりとした木のテーブルに備えつけられたミシンは、
どっしりとしていてまさに質実剛健。
そしてとても心地いい音をたてるのです。
今まで、電動ミシンはどうも相性がよくなくて苦手だったのですが、足踏みミシンが家にあったら、とってもいいだろうなあと思いました。

ブブノワさんのお母さんは裁縫上手。カタカタ　カタカタとミシンの音を響かせて、ポッケのたくさんついたワンピースをこしらえてくれました。できたてのワンピースを着て、ブブノワさんさっそくお出かけです。するといろんな動物が集まってきて……。目の前でお母さんが、ワンピースをこしらえてくれるなんて！　まさに魔法のよう。できあがりを待つブブノワさんの様子がまたかわいらしいのです。

『ポッケのワンピース』
つちだのぶこ 作・絵　学研

5/26

音が気になります。
例えば、
目覚まし時計、
玄関のチャイム、
電話の呼び出し音、
自転車のベルなどなど。
私の好みは潔く心地いい音。

子犬のマフィンはかぜをひいたようです。今日は一日小さな寝床で寝ていなければなりません。できることといえば、目を閉じて、じっと耳をそばだてること。ほら、家の中のいろんな音が聞こえてきますよ。ワイズ・ブラウンの日常を丁寧にすくいとった文章が心地いい。テレビもラジオも全部消して、耳を澄ましてみたくなります。

『おへやのなかの おとの ほん』
マーガレット・ワイズ・ブラウン 文　レナード・ワイズガード 絵　江國香織 訳　ほるぷ出版

5/30

「『ノンちゃん雲に乗る』という本ありますか？」
お客さんに尋ねられて、今日ほど「はい、あります」
と答えられてうれしかったことはありませんでした。
小学２年生の時に先生が少しずつ読んでくれて、
でもなぜか途中で終わってしまって、
それ以来ずっと気になっていらしたそう。
そのことをうちの店に入って、
ふっと思い出されたそうなのです。
「ずいぶん昔のことです」と言うとお客さんは
うれしそうに、本を手にされました。
石井さんもきっと喜んでいるだろうなと思い、
長い時間心のどこかにとどまり続ける、
子どもの本の持つ魔法を垣間見た気がしました。

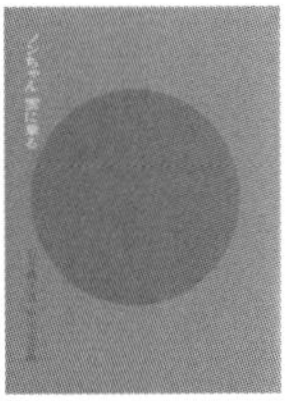

今ではちょっと古風な言い回しや、会話が当時の様子を鮮やかに、物語ります。そのくせ少しも古びない物語のおもしろさに、ついつい引きこまれていくのです。子どもの頃に夢中で読んで、大人になってもう一度読んでほしいと思う、日本の名作。

『ノンちゃん雲に乗る』
石井桃子 著　中川宗弥 絵　福音館書店

6/7

「どんな絵本がよい絵本ですか？」とよく尋ねられます。
そんな時は迷わず
「それは人それぞれ、お答えできません」と言いたい。
でも考えるのです。今の私に響く本はどんな本か？
「素っ気ないこと、媚びていないこと、楽しんで作られていること、読み終わったあと心に残ること、20年先も本棚にちゃんとあること、希望が描かれていること」。
このうちのどれかがちゃんとそこにあれば、
きっと私は好きなんだと思います。

私たちは決してひとりで大きくなんて、なれっこないのだなと、かっこいい走り方や、おなかの冷えないお昼寝の仕方なんかを、いろんなものや人に教えてもらっているんだなと、この本を読むとおなかですとんと納得してしまいます。そして、考えたり、覚えたりして大きくなっていくんだなあ。自分もそうであったように、小さい人たちは、みんなちゃんと大きくなっていけるんだなと、希望が見えるのです。五味さんはひねくれていて、かっこよく、イカスオトナです。そして底抜けにやさしい。

『みんながおしえてくれました』
五味太郎 作　絵本館

6/8

晩ごはんにトビラノさんが、パスタを作ってくれました。
ジャガイモとベーコンとトマトの入ったやつです。
とてもとても上手で、お皿が空っぽになった時、
本当に悲しかったので、もう一度おなかがぺこぺこになったら
いいのにと思いました。
料理は作るのも、作ってもらうのも、どちらも大好き。

お休みの日、とうさんが料理を作ろうとまえかけをしめると、「とうさんじゃいやだいやだ」とフライパンやおたま、ジャガイモやにんじんが逃げ出してしまいました。みんなをつかまえて、カレーライスを作ると、今度はおかあさんと子どもが「とうさんのはまずそう」と言って逃げ出そうとします。さてさて、とうさんのカレーライスのお味はどうだったのでしょう？　この本が40年前に出版されたころは、男の人が台所に立つことはめずらしかったのではないでしょうか。どちらにしても料理の楽しさは知っているほうが絶対にいいと思います。

『おりょうりとうさん』
さとうわきこ 作・絵　フレーベル館

6/20

ぬか漬けがおいしい季節になりました。
朝、晩とぬか床の様子を見るのが何よりの楽しみです。
あのぬかのなんともいえない香りが大好き。
今朝はきゅうりと白うりを漬けてきました。
おなかのおちびさんが動くたびに、おちびさんも好きになるとええなあと思います。

まいにち咲く花、チクタク動くとけい、はらりとおちる木の葉、まいにちが楽しいのは、かあさんといっしょだから。ハロウィンのパーティ、王さまの劇をする学芸会、おまつりが待ち遠しいのは、友だちといっしょだから。いっしょにいることの大切さをさりげなく伝えてくれる絵本。

『いっしょってうれしいな』
シャーロット・ゾロトウ 文　カレン・ギュンダシャイマー 絵　みらいなな 訳　童話屋

7/24

セミが鳴き出してからというもの、
本格的な夏を感じ、ますます元気にやっております。
やはり、夏はセミの声ですねえ。
夏生まれの私は、
すいかとセミの声と扇風機があれば、しあわせ。
おなかのおちびさんは、9月1日予定日です。
おなかにすいかを入れているようだと言われています。

長い長い時間を、土の中で過ごしたセミの赤ちゃん。いよいよ今夜、土の外に出る日を迎えました。セミを歓迎しようと、いろんな虫たちが準備をすすめる様子がほほえましい。セミが旅立つ前、長年暮らした部屋に向かって、「さよならおうち、ありがとう」というところが潔く、特別好きです。

『セミくんいよいよこんやです』
工藤ノリコ 作・絵　教育画劇

7/25

先日、トビラノさんが片手で持てるほどの大きさの、
かわいらしいすいかを買ってきてくれました。
そのすいかにはシールがはってあり、
品名が書いてありました。
「大きさも名前もぴったりやろー」とうれしそうに言うのですが、そこには確かに「ひとりじめ」と書いてあるのです。
「ひとりで全部食べてええの？」と聞くと
不思議そうな顔をします。
トビラノさんは「ひとめぼれ」と書いてあると
勘違いしたそうでした。
「ひとめぼれ」と「ひとりじめ」。なるほど、遠からず。

プリンやゼリーのプールに飛び込んでみたいという、夢のような話を聞きますが、私はこの本のありんこのようになって、すいかを体中で食べてみたいです。人間にとってはひと切れのすいかが、小さなありんこにとっては、巨大なかたまり。みんなで、甘いすいかを巣に運んで、ページが真っ赤になるところなんて、本当に楽しそうでうらやましい。

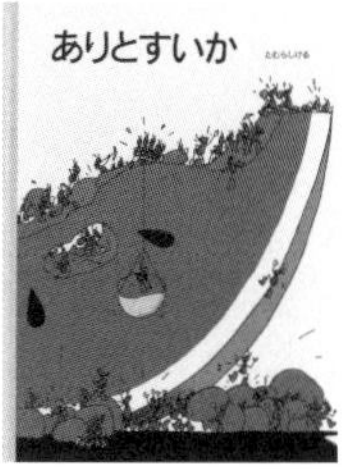

『ありとすいか』
たむらしげる 作・絵　ポプラ社

8/3

今朝は６時頃にぱっちりと目が覚めました。
おなかが大きくなってから、朝寝坊ばかりでつまらなかったのですが、久しぶりに近所のお寺に、早朝散歩に出かけました。
日陰は空気がまだひんやりしていて、気持ちよかったです。
「よあけ」は毎日やって来ているのに、その瞬間を感じるのは年に何回あるのかなあとぼんやり考えたりしました。
私たちのまわりには、気づかずにいたり、忘れている「いいこと」がきっとたくさんあるはずです。

静寂に満ちたこの絵本は、夜明けのひとときを見事にとじこめてあります。表紙、見開き、文章、色……、どれをとっても美しく、ため息がこぼれます。

『よあけ』
ユリー・シュルヴィッツ 作・画　瀬田貞二 訳　福音館書店

12/4

赤ちゃんと暮らしています。
昨日、赤ちゃんに「うちらはもう３ヶ月も一緒におるね」と私が言うと、赤ちゃんは「おなかのなかからやから、もっとやに」と言いました。
赤ちゃんの言うとおりでした。
うちらはずっと一緒におるのでした。不思議。

私の大好きなバーニンガムのちいさいえほんシリーズ。素っ気なく、シンプル。この本を開くと、私たちのまわりにあるたくさんの物や、あふれる音は大人用で、赤ちゃんにはどれもそんなに必要でないのだなあと思います。赤ちゃんの世界って、とっても潔いと思います。

『あかちゃん』
ジョン・バーニンガム 作　谷川俊太郎 訳　冨山房

12/5

赤ちゃんを産んで１ヶ月間、実家に帰っていました。

うちは何かと忙しくしているので、実家に１ヶ月もおったら、みんなに世話かけちゃうなあと、帰る前は少し心配でしたが、うちの人たちはそれはそれはあたたかく迎えてくれました。

大人になってからこんなに長い時間、家族といたことなんてなかったので、本当にうれしかった。

母さんと弟の絶妙なぼけとつっこみ。赤ちゃんへの接し方。父さんの見たこともない赤ちゃんへの対応などなど。それは私にとって、革命的１ヶ月でした。

店の本棚を眺めながら、そんなことを思い出していたら、子どもの頃、何度も読んでもらったこの本が気になって、久しぶりにページを開けました。

きつねからもらった、そらいろのたね。ゆうじは土にうめて水をやります。すると、そこから小さなそらいろのいえが生えてきて……。大人になって読むと「この本は思いやりとか、友情とか何か大切なことを子どもに伝えようとしているのだ」なんて思ったりしますが、子どもの頃はわけもわからず、この突拍子もない物語が大好きだったのです。「おもしろいお話ししてあげようか」と知らないおばさんに言われて、夢中で聞いていると、「はい、おしまい」と突然言われ、おばさんはおかしそうに去っていく……、そんな感じ。

『そらいろのたね』

なかがわりえこ 文　おおむらゆりこ 絵　福音館書店

12/6

姪っ子と遊んでいたとき、
「めしあがれ」と渡されたおもちゃのたまごを
「もぐもぐもぐ、ごちそうさま」と言いながら袖に隠して、
驚かせようと思ったら、彼女は顔を真っ赤にして
「これはあそびなんやで、本当に食べたらあかんの！」
と怒ったのです。
うそっこだってことをちゃんとわかっていながら、
でも本気で遊んでいる尊い時間を簡単にこわしてしまうのは、
いつだって大人なんだなあと思いました。

子どもでいるのに飽きちゃった子どもが、ある日わにに変身するお話。心配したお母さんはお医者さんを呼びました。わにになっても「学校にいかなくちゃいけないよ」とお医者さんは言いました。子どもはわにになったままで、しあわせな日々を過ごしたのでした。私の大好きな作家、シンシア・ライラントらしい素敵なお話。最後のページをめくったとたん、甘いシロップをひとさじ口に入れられたような、ちょっと切ないしあわせな気分になるのです。

『わにになった子ども』
シンシア・ライラント 文　ダイアン・グッド 絵　こしばはじめ 訳　新樹社

12/7

布おむつを使っています。
使うまでは、大変そうというイメージだったのですが、
これが楽しい。
おちびさんがむずかりだして、おむつの様子を見るときなんて「どんなかな？」とわくわくさえします。まさに収穫の喜び。おしっこをたっぷりしていたりすると、「でかした！」という気分ですし、洗濯物を干すときは、「うちには赤ちゃんがいますよー、今日も元気ですよー」とご近所に報告している気分。
実家では母さんがおむつを洗ってくれていました。おむつを洗いながら、「ああ、なつかしいにおい！」と言っていましたっけ。

かさぶた、みみあか、などなど。いいのがとれると結構うれしいですよね。友だちが「この前、5歳の息子がすっごく立派なうんちをして、『かーさーんみてみて』って言うから、見に行ったらあまりに大きくて、感動した」とおかしそうに話してくれました。この本は人には聞けないあれこれが、思いっきり書かれています。体から出るきたないものって結構愛おしい。

『きみのからだのきたないもの学』
シルビア・ブランゼイ 文　ジャック・キーリー 絵　藤田紘一郎 訳　講談社

12/8

お気に入りの近所の八百屋さん。
おなかが大きかった頃は、
「すいかみたいなおなかやなあ」、
「もうそろそろか」とおじいちゃんも、おじさんも、おばさんも、
おちびさんが生まれてくるのを楽しみにしていてくれました。
そしておちびさんを連れて行った日、
おじさんが「これハッピーバースデイ」と言って、
大きな房の立派なぶどうをプレゼントしてくれたのです。
ぱつんぱつんに実の詰まったぶどうは、
大きなおなかを思い出させ、
私たちは夏から秋へと時間の流れを思ったのです。

としおくんちは八百屋さん。おとうさん、おかあさん、おじいちゃん、おばあちゃん、おじさん、おばさん、おにいちゃん、おねえちゃん、そしてあかちゃん……。とにかくぎゅうぎゅう。そしてみんなが楽しそうに、忙しそうに働いています。八百屋さんっていいな。働くっていいな。家族っていいなと思います。

『ぎゅうぎゅうかぞく』
ねじめ正一 作　つちだのぶこ 絵　鈴木出版

12/20

ずいぶんと寒くなったので、
パンの発酵がなかなかうまくいきません。
困っていると、猫のニコが眠っているお布団の中が、
ちょうどいい具合にぬくぬくになっているではありませんか。
ボールにパン種を入れて、ニコの横に置いておきました。
結果は大成功。
なんともおいしいパンが焼き上がり、
「猫発酵のパンができた」と喜んでいました。
あれから何度かニコに発酵をお願いするのですが、
なかなかいいタイミングでお布団に入ってくれません。
気まぐれな「ねこのパンやさん」です。

ある町にパン屋のいじわるな主人と奥さんにこきつかわれているねこがおりました。朝から晩までパン屋の仕事をしたうえに、翌朝までにねずみをつかまえてしっぽを見せろというのです。気の毒に思ったねずみたちは、力を合わせてねこを助けようとします……。ねことねずみの知恵をしぼる姿が愛らしい絵本。

『ねこのパンやさん』

ポージー・シモンズ 作・絵　松波佐知子 訳　徳間書店

2010/1/8

まだ私のおなかが大きかった頃、「生まれたらゆっくり会えなくなるから」と言って、友人が朝ごはんを食べにきてくれました。
たっぷりおしゃべりをして、ふたりとも満足し、彼女が帰ったその 30 分後に陣痛がきて、その日の夕方、おちびさんがやって来たのです。
同じ時、彼女のおなかにも赤ちゃんがいました。
こうして、私たちのまわりには 4 人の赤ちゃんがそろいました。
赤ちゃんのお父さんとお母さんはそれぞれ強者ぞろい。
これから一緒に子育てができるのが楽しみです。
赤ちゃんばんざい！

赤ちゃんがやって来る！　お父さんお母さん、おじいちゃん、おばあちゃん、そしてお兄ちゃんになる男の子。家族みんなが心待ちにしている様子がほほえましい。待つことの喜びと尊さが描かれた、私のお気に入り。

『あかちゃんのゆりかご』
レベッカ・ボンド 作　さくまゆみこ 訳　偕成社

1/18

友人のところに生まれた女の子の名前が決まりました。
ちょうど同じ頃､私のまわりで生まれた４人の名前を並べると、
「温《ぬく》・向《むく》・蓉《よう》・春《はる》」。
なんともありがたい四文字熟語のような人々ではありませんか。
おちびさんの名前を決めるとき、こんな大切なことを
うちらが決めてしまっていいんやろかと、思いました。
一番たくさん耳にする響き。大切な音。

にんげんがうまれる　ずっと　ずーっとまえのまえ　そのまた　ずーっとまえのおはなし　ひとりぼっちのイグアノドンがはじめてきいたうたは「だくちる　だくちる」というちいさな音だった……。はかなく、時として力強い阪田さんの文章。せつなく、あたたかな長さんの絵。少し大きめの画面からは、その魅力が十分に伝わってきます。私はこの本を開くたびに、おなかの中のほうがきゅっときしみます。おちびさんを膝にのせながら開くともっともっと奥のほうがきゅっとなります。

『だくちる　だくちる　はじめてのうた』
ワレンチン・ベレストフ 原案　阪田寛夫 文　長新太 絵　福音館書店

1/23

関西の書店の児童書担当の人たちが集まって、勉強会を月に一度開いています。昨日は久しぶりに集まりの日でした。
よその本屋さんの話を聞くのはとても興味深く、話はつきません。時々、出版社の営業さんも参加してくれて、さらに盛り上がるのです。
この集まり、「京都にせっかくメリーゴーランドができたんやから、子どもの本の好きな人が集まる機会をつくらへん？」と声をかけてもらったのがきっかけ。
いろんな本屋から児童書担当者が集まる場がある地域なんて、ほかにないのではないでしょうか？
並べている本も、売りたい本もそれぞれですが、
本を大切に売っていきたい想いは同じ。
なんとも頼もしい人々です。

イラクの文化的中心都市のバスラ。2003年、戦争で侵攻をうけたバスラの街には大きな図書館がありました。そこには人々の歴史と文化が詰まった大切な本がたくさんありました。図書館員のバクルさんは戦火から本を守ろうと、自分たちで動き出します……。ニューヨークタイムズに報じられた記事をもとに、絵本化された本書は、「本は、黄金の山よりもずっと価値のあるもの」ということを私たちに訴えるのです。

『バスラの図書館員　イラクで本当にあった話』
ジャネット・ウィンター 絵と文　長田弘 訳　晶文社

1/29

昨日は休みだったので、おちびさんとバスに乗ってお出かけをしました。
ふたりきりでバスに乗るのははじめてだったので、少し緊張しましたが、おちびさんはご機嫌に周囲に笑顔をふりまき、まわりの人たちもにこにことしてくれて無事目的地に到着。
おちびさんと買い物に出ても、「ややこか、いくつや？」と声をかけてくれるおじいさんや、「こんな小さな赤ちゃん、久しぶりに見たわー」といって､のぞきこむおばあちゃんなどなど、赤ちゃんのパワーはすごいなと日々感じています。
もうすぐ弟のところに、３人目の赤ちゃんがやってきます。これで甥っ子、姪っ子たちは５人になります。にぎやか！

ハーグレイブさんの家族はあまり丈夫ではありませんでした。今度生まれてくる赤んぼうは丈夫だといいなあとみんなは願っていました。さて、生まれた赤んぼうは、好き嫌いがはげしく、何も口にしません。お母さんは泣いてばかり。ある時、テーブルにあったアボカドを試しにあげてみると、もりもり食べるではありませんか！
赤んぼうはどんどんめきめき大きくなって……。大人の心配なんてそっちのけで子どもはたくましく育つのかもしれませんね。頼もしい。

『アボカド・ベイビー』
ジョン・バーニンガム 作　青山南 訳　ほるぷ出版

1/30

仕事の帰りにあんまりおなかがすいていたので、家族３人で前から気になっていたおうどん屋さんに入りました。
だしのにおいがたっぷりとした、近所の人に大事にされている雰囲気のいいお店でした。
私はきつねうどんを、トビラノさんはきつね丼を頼み、おちびさんは口をもぐもぐさせて私たちが食べるのを見ていました。
帰りにお茶でも飲みに行こうかと言いながら、「コーヒー一杯とうどん一杯が同じ値段かあ。複雑な気分や」とふたりでつぶやいて、結局家に帰りました。

おばさんは料理の名人。お客さんをもてなすのが大好きです。今日もお客さんがやって来ましたよ。オーブンに火をつけて、大鍋にお湯をわかして、野菜を切って。おばさんは手早くお料理をしていきますが……。五味さんならではのユーモアたっぷり。愉快な料理をめしあがれ。

『おばさんのごちそう』
五味太郎 作　絵本館

1/31

おちびさんを産んでから、毎日夢を見るようになりました。
それまでは、ほとんど見ませんでした。
子どもの頃から、鼻血と貧血と夢に密かに憧れていたので、
あの頃の私に教えてあげたいです。
夢には知っている人がひとりずつ出てきます。
これはとてもおもしろい体験で、結構楽しんでいます。
おちびさんが生まれてくるときに、どこかにあったスイッチを
パチンと押してきたのかもしれません。

とらのとらきちは眠るときも夢を見るときもひとりです。ですので、この本はひとりでページを開いてほしいと思います。この本が大好きという子どもに会ったら、こっそりだれも見ていないところで、かたく握手をかわしたいと思います。店に並べているとこの本のまわりだけ、特別な空気に包まれているような気がします。

『とらのゆめ』

タイガー立石 作・絵　ビリケン出版

2/5

洗濯物を干すのが好きです。
干し上がった洗濯物がひらひらと、
物干しで揺れている様子を見ると、満足します。
私の密かな楽しみなので、
トビラノさんが「干そうか？」と言ってくれると、
丁寧にお断りしています。
おしめやらタオルやら、白が多い中、
黒い靴下がこのあたりに入るとかっこよく決まるとか、
この干し方はきっと風をはらんでよく乾くに違いないとか、
人に言ったらどうでもいいようなことが結構大切。

ぐるんぱはからだのとっても大きなぞうです。いつもひとりぼっちでめそめそしているので、ぞうの仲間がきれいに洗ってやって、働きに出すことになりました。びすけっとやさんにくつやさん、自動車工場にもいきましたが、ぐるんぱが作るものはどれも大きすぎて、使いものになりません。「もうけっこう」と言われてしょんぼりとしていると……。12人の子どものお母さんが「ああいそがしい　いそがしい」と洗濯をしているページが大好きでした。私と弟たちの子どもの頃のお気に入りの絵本。

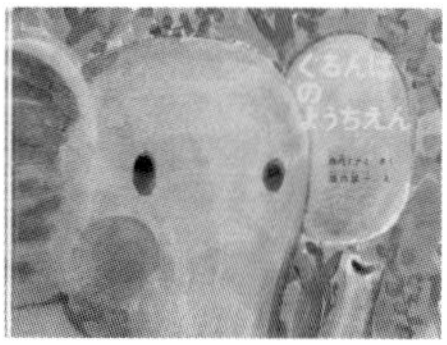

『ぐるんぱのようちえん』
西内ミナミ 作　堀内誠一 絵　福音館書店

2/13

京都に暮らすまで、お豆腐はスーパーで買っていました。昔は、四日市の実家の近所にもお豆腐屋さんがあって、夕方になるとパープーとラッパを鳴らしながら、おじさんが自転車で売りに来ていたものです。
作りたてのお豆腐は、甘くて大豆のいいにおいがしっかりして、やっぱりとてもおいしい。
いつも買うお豆腐屋さんは、夕方行くと割れたお豆腐が安くなるのです。
昨日ものぞくと、おばさんが「おねえちゃんおまっとうさん。いつものやろ」と言って、何も言わないのに、割れたお豆腐を袋に入れてくれました。「いつもの」と言われて、常連さんになったようでちょっとうれしかったです。

おばあちゃんとふたりで、夕飯の買い物に出かけたさえこちゃん。ところがお買い物メモを家に忘れてきてしまいます。さて何を買うのでしたっけ？　さえこちゃんといっしょに何を買うのか思い出しながら、いろんなお店をのぞきましょう。夕飯のメニューのレシピまで付いて、隅々まで楽しめますよ。

『おつかいさえこちゃん』
伊東美貴 作・絵　偕成社

2/15

日々成長しているおちびさん。久しぶりに会った人からは、「大きくなったねえ」「しっかりしたねえ」と言われます。
先日、出先で入った喫茶店で、おしめを替えたいなと思い、お店の人に尋ねると「場所がないので、奥で替えてきますよー」と言ってもらいました。「わあ、すいません」とおしめとおちびさんを預けてお願いしました。お支払いをすませていると、奥からおちびさんの泣き声！　必死で抵抗しているようです。
人慣れしているから平気だと思っていたけれど、はじめてのところで、不安なのか一生懸命泣いていました。
親たちはのんきに「親切なお店だねえ」と言いながら、帰り支度をしていました。
おちびさん、知らない場所でのはじめての冒険。
たった二分たらずの。

小学６年生の悟は体育館での映画会の準備に嫌気がさしていました。どうやってさぼってやろうかとそればかり考えていると、とげぬきが落ちているのを見つけて……。だれでも経験したことのある小学校での日常から、突然入り込んだ不思議な世界。知恵をしぼって挑む冒険に夢中になることまちがいなし。図書館のにおい、廊下の冷たさ、先生の声、小学生だった頃の記憶が思い出されて、大人が読んでも十分に楽しめる物語です。

『二分間の冒険』
岡田淳 作　太田大八 絵　偕成社

3/8

朝食にパンを食べていると、なにやら熱い視線を感じたので、
試しに「これはとってもおいしいんやに、食べてみる？」と
おちびさんに尋ねると、うなずいたように見えたので、
ちっちゃいかけらを口に入れてやりました。
どうせすぐに出すだろうと、待ちかまえていると
もぐもぐとして、その後、
見事な笑顔とあふれんばかりのよだれ。
おちびさん、はじめての固形物。
あっぱれな食べっぷりに、歓声が上がったのでした。

ぼくが歩いていると、どうぶつたちが水たまりで遊んでいました。ぼくもいっしょになってどろだんごを作ったり、穴をほったり、山をかけ登ったり。どろんこになったので、みんなで川に入って、のんびりのんびり休みました。すると突然くまが「なんだかきみはおいしそうだねえ。ちょっとだけなめていい?」と言い出して……。夕飯のおかずが決まらずに、冷蔵庫の前で立ちすくんでいる時、公園でどろんこになった子どもを思わず叱りつけそうになった時、なんだか気分が落ち込んでいる時、どこか土のにおいのしそうな場所や、大きな木の下に座り込んで、この本を読んでみてください。「生きるとは、こういうことなのだ!」と爽快な気分になるはず。

『おなかのすくさんぽ』
かたやまけん 作・絵　福音館書店

4/11

うちは畳の部屋にちゃぶ台を置いて食事をしています。
夕飯時、おちびさんをおんぶしながら、ごはんをよそっていると、自分の格好がままごとのお手本のようなスタイルだったのでおかしくなってしまいました。
子どもの頃の自分に「ほーら、これが本物の母さんってもんよ」と自慢したくなりました。

かあさんに内緒で、鏡の前でお化粧をしていたあーちゃん。だんだん気分が盛り上がってきて、すっかりかあさんになりきって、夕飯の支度に、トイレットペーパーの交換、お布団を取り込んだり、かあさんは大忙し。どんどんその気になったあーちゃんは、とうとうかあさんのつっかけを履いて、外に飛び出していってしまいます……。夢中で遊びの世界に入っていくあーちゃんが、とても愛らしい。

『かあさんになったあーちゃん』
ねじめ正一 作　長野ヒデ子 絵　偕成社

4/17

犬はわんわん。ねこはにゃーにゃー。
日本に暮らす人ならば、たいていの人がそう言うでしょう。
「でも、本当にそうなんかなあ、物心ついた頃から、そう思わされてきて、そう聞こえてしまっているだけじゃないのかなあ」。このことは時々私を悩ませていました。
そしてずっと赤ちゃんは「ばぶばぶ」なんていうわけがない、それはとても安易な思いこみに違いないと思っていました。
ところが、おちびさんは昨日あたりからどうも「ばぶばぶ」と言うのです。
「あぶー」とか「あむあむ」など、いろいろレパートリーはあります。
今までの疑いの気持ちを捨てて、おちびさんのつぶやきに耳を澄まそうではありませんか！

トントンパットン　トンパットン　トントンパットン　トンパットン。『バスにのって』は心地のいい音がずっと響いている絵本です。音と一緒に砂煙や乾いた風を感じることもできます。そしてどこか遠くの土地へ気持をはせることもできるのです。

『バスにのって』
荒井良二 作・絵　偕成社

4/20

れんとはるのうちに遊びに行きました。
ふたりは学校から帰るとランドセルをほうりこんで、すぐに外に飛び出していき、帰ってきたと思ったら「おなかすいた、おなかすいた」と大騒ぎ。
やっとごはんができたら、すごい勢いでおかわりをし、あっという間にたいらげてしまい、少し落ち着いたかと思うと、今度は「なんかであそぼ、ゲームしよ」とまた大騒ぎ。
ふたりの男子に共鳴しておちびさんも「あーあー」と声をあげながら興奮していました。
私にも弟がふたりいるので、子どもの頃はこんなだったのだろうなあ。
にぎやかな日々が懐かしくなる時がくるなんて今は考えられないけれど、いつかそんな日が来るんだろうな。

久しぶりの雪の日、どんどん雪が強く降ってくるので、学校が早く終わりました。友だちはみんな家の人が迎えにきたけれど、ぼくの母さんは働いているのでひとりでバスに乗って帰ることにしたのですが……。寒くて、心細くて、不安でいっぱいなぼくは無事家にたどり着けるでしょうか？　いつもとちがう特別な一日は、くり返し家族の間で語られて、その家だけの物語になっていくのです。

『雪のかえりみち』
藤原一枝 作　はたこうしろう 絵　岩崎書店

5/2

私がメリーゴーランドで働き出した頃は、
いつも本棚にあったのです。
「いつもあるからまた今度」と思いながら、
買わずにいたのですが、
いつの間にか絶版になってしまいました。
そうです、本は出会いなのです。
気に入ったら買うべきなのです。
とうとう手元に置けないまま、あれから何年も探しています。

好奇心の赴くままに日々を過ごしたら、一体どうなるでしょう？　雨のしずくをためて「雨茶」をいれてみる。ぜひ一度、にんげんの髪の毛を食べてみたいと思っているねずみのために、逆立ちをして髪の毛を食べさせてあげる。レナレナの一日は私の想像なんて、気持ちのいいくらい軽く飛び越えてしまって、びっくりするやら、感心するやら。レナレナを見ていると、どんな出来事もとびっきりの物語に変えてしまう魔法は、自分の中にひそんでいることに気がつきます。レナレナ大好き！

『レナレナ』
ハリエット・ヴァン・レーク 作　野坂悦子 訳　リブロポート

5/7

朝はトビラノさんと手分けして、おちびさんをおんぶをしながら、ばたばたと掃除をしたり、お弁当を作ったりしていました。
そしておっぱいをあげながら、朝ごはんを食べます。
ところが今朝、たたんだお布団の上に、何気なくころんところがせていたら、いつの間にか眠っているではありませんか！
干したばかりのお布団が気持ちいいのか、夏用の麻のシーツが気に入ったのか、それはそれは気持ちよさそうなのです。
久しぶりにゆっくりとした朝でした。

ひさこちゃんが朝起きると、熱がありました。おかあさんは「今日はおとなしく寝ていましょうね」と言って、部屋から出て行きました。「つまんないなあ」と思っていると、熱のある子どもにしか見えないこびとたちがやってきて……。この本のページをめくっていると、子どもの頃、学校を休んだ日のことがあれこれよみがえってくるのです。

『おふとんのくにのこびとたち』
越智典子 作　出久根育 絵　偕成社

5/16

子どもの頃、私はピンクとふかしいもが大好きでした。
なので、おばあちゃんはピンクのものは
なんでもとっておいてくれました。
ピンクの色のついた包装紙、
広告の紙、ハンカチやタオル……。
そしておやつはいつもふかしたおいもさん。
いつの頃か、ピンクにそれほど魅力を感じなくなった私は、
相変わらずピンクのものをとっておいてくれるおばあちゃんに
そのことが言い出せずにいましたっけ。

本を開くと「わたしは黒がすき」の文字と黒のTシャツに黒のパンツをかっこよく着こなした女の子の絵。「ふつう、女の子はピンクが好きだけれど、わたしはうんざり」と彼女は言い切ります。「男の子はこうあるべき」、「女の子らしくなさい」。世の中にはこのての言葉がたくさんありますよね。わたしたちが「あたりまえ」と思っていることをもう一度考え直すきっかけをこの本は与えてくれるでしょう。

『ピンクがすきってきめないで』
ナタリー・オンス 文　イリヤ・グリーン 絵　ときありえ 訳　講談社

5/17

テレビで種のないびわの話をしていました。お客さんの「びわの種が食べるときにじゃま」という声から、農家の方が研究をし、このたび完成したそうです。

私はテレビを見ていて思わず「そんなあほな！」と叫んでしまいました。あんなに大きい種なのにじゃまだなんて。しかも舌触りがとってもよくって、なめていると気持いいのに、しかも焼酎につけるととってもいい香りがするのに。

もったいない！

そういえば、子どもの頃は、ぶどうに種が入っているのがあたりまえで、種なしだと「たね、はいっとらん！」と驚いていたのに、最近ではぶどうに種が入っていたら、「たね、はいっとる！」と驚くようになってしまったなあ……。

おちびさんが大きくなる頃にもびわには、立派なぷくぷくの種が、ちゃんと入っていますように。

種には不思議がいっぱいです。あんなに小さなからだのどこに葉っぱや茎や根や花をつける力があるのでしょう？　種の育て方から、観察の仕方までやさしく教えてくれます。そして、最後のページにはこう書かれています。「りんごのたねは、かならずりんごになる。デージーのたねはかならずデージーになる。そして、しょくぶつはまたつぎのたねをつける」と。種ってとっても大切。

『たね そだててみよう』

ヘレン・ジョルダン 作　ロレッタ・クルピンスキ 絵　佐藤洋一郎 訳　福音館書店

5/23

眠たいのに、眠れないときのおちびさんは迫力満点。
涙を目にいっぱいためて、体をよじらせて、
足をつっぱって、手をばたばたさせます。
「おーおーきたきた。ねーむねーむくーん」と
いい加減な歌を歌いながら、
眠りにおちるその時を待ちます。
くたくたになるけれど眠りについたおちびさんの顔を眺めるのは、
とてもいいものです。

眠くてぐずっているネムネムちゃん。おふとんやお花、ふかふか食パンがあの手この手で寝かしつけようとするのですが、なかなかうまくいきません。そこにふさふさのねこがやってきて、やさしく抱っこをしてくれると、うとうとうっとり……。やわらかなリズムと心地のいい言葉のくり返しで、ネムネムちゃんといっしょに、眠たくなってきますよ。赤ちゃんにも、そのまわりの人たちにもおすすめの一冊。

『おやすみなさいネムネムちゃん』
山岡ひかる 作　くもん出版

6/9

先日、女の子とお母さんが店に来てくれました。ドイツに引っ越すそうで、持って行く本を選びに来てくれたのです。
絵本をたくさん、そして読みものを少し買ってくださいました。
この本たちがこれからこの子と一緒に外国で暮らし、
時には女の子を支えたり、話し相手になるんだなあ。
女の子が選んだ読みものは、ドイツの作家で、今でも世界中で愛され続けているプロイスラーの『小さい水の精』でした。

『大どろぼうホッツェンプロッツ』で有名なプロイスラーですが、ほかにもおもしろい本をたくさん書いています。私が小学生の頃、夢中になったのが好奇心旺盛で、いたずらっ子の水の精の男の子のお話し。プロイスラーのデビュー作なんですよ。

『小さい水の精』

オトフリート・プロイスラー 作　ウィニー・ガイラー 絵　畑沢裕子 訳　徳間書店

7/18

近頃くいしんぼうのおちびさん。
はじめて口にする魚や野菜もへっちゃら。
おいしそうにペロリとたいらげます。
離乳食はもっと慎重に進んでいくのかな？
と思っていたのですが、おちびさんは目の前にある食べものは、
なんでも食べたくて仕方のない様子。
友だちが贈ってくれたかわいらしい木のおさじで、
今日ももぐもぐ、絶好調です。

スプーンおばさんは、小さな村に暮らすふつうのおばさんです。ところが、ふつうでないことに、このおばさんは時々、ティースプーンくらいに小さくなってしまうのです……。突然小さくなったって、ちっともへこたれないスプーンおばさん。その知恵と大らかさで、なんだって乗り越えてしまいます。ノルウェーの作家、プリョイセンが生み出した、世界中で親しまれている愛らしいおばさんのお話。

『スプーンおばさん　ちいさくなる』
アルフ・プリョイセン 作　ビョーン・ベルイ 絵　大塚勇三 訳　偕成社

7/27

ある朝、おちびさんの口もとから
「こりこり　こりこり」と音がします。
「なんか食べとんの？」と口の中をのぞいても、
何にも入っていません。
しばらくすると、また「こりこり　こりこり」。
もう一度口の中をよーくのぞくと、
あれあれ、上の歯ぐきから白いものが顔を出していたのです。
「こりこり」の正体は歯ぎしりだったのです。

歯医者さんに行きたくないわにと、わにの治療なんてやりたくない歯医者さん。さてさて、一体どうなるのでしょうか……。同じ場面で同じ言葉をつぶやくふたり。この展開に大人も子どもも笑わずにはいられません。五味さんのセンスに脱帽です。

『わにさんどきっ はいしゃさんどきっ』
五味太郎 作・絵　偕成社

9/13

おうどん屋さんに行きました。
私はおうどん屋さんに行くとどうしても
「きつねうどん」を頼んでしまうのです。
子どもの頃からずっとです。
甘く炊いたおあげさんもいいですが、きざみも大好きです。
おうどんを食べていると、ベビーカーから熱い視線を感じます。
子ども用のお椀と、スプーンをもらって、少しおちびさんに
あげてみました。ちゅるちゅるとあっという間に飲み込んで、
当然ながら「もっともっと」となりました。
お会計をしながら、おちびさんとおうどんを分けて食べる日が
来たのだなと、おちびさんの成長を感じました。

ある日、川のそばで、おそばとむぎが話しをしていると、おじいさんがやって来て「向こう岸までおぶって運んでくれないか」とふたりに言いました。むぎはあっさりと断り、おそばは「やってみましょう」とおじいさんをおぶって川を渡ったそうです。その時、水があまりにも冷たかったのでおそばの足は真っ赤になってしまったそうな。むかしむかしおおむかし、草や木がまだ口をきいていた頃のお話し。

『おそばのくきはなぜあかい』
石井桃子 文　初山滋 絵　岩波書店

9/15

昨日、あべ弘士さんの『動物の死は、かなしい？』を
読んでから、ずっとなんとなく「死」について考えています。
私が中学1年生の時にひいおばあちゃんが亡くなりました。
おばあちゃんは病院ではなくて、
自宅のいつもの布団の中で息をひきとりました。
私は「悲しい」という気分ではなかったのを覚えています。
おばあちゃんは病院をとてもいやがっていたし、
もう病院に行かなくてもいいのだと思うと
ほっとしたりしました。
何より、おばあちゃんはとても年をとっていたし、
私はとてもかわいがってもらっていたので、
もう十分おばあちゃんのことは
私の中に確かに存在していました。
なので、悲しくなかったのかもしれません。
私は泣きませんでした。

大好きだったおじいちゃんが死んでしまいました。ママはじいじは天使になると言い、パパはじいじは土になるのだと言います。ある夜のこと、じいじがおばけになって、エリックの前に現れます。壁を通り抜けたり、真夜中の町を散歩したり、エリックは毎晩じいじと遊びます。でも一体じいじはどうしておばけになったのでしょうか？　じいじの忘れていた大切なものとは？　「死」を受け入れていくふたりの様子が見事に、そしてさりげなく描かれています。

『おじいちゃんがおばけになったわけ』
キム・フォップス・オーカソン 文　エヴァ・エリクソン 絵　菱木晃子 訳　あすなろ書房

10/8

今朝、目が覚めておちびさんに「おはよう」と言うと、
それはそれははっきりと「おあよう」と言うのです。
びっくりして、もう一度「おはよう」と言ってみましたが、
次からは「おえ　おえ」と言うばかり。
保育園で先生に話したら「お昼寝から覚めたときもみんなに
言っていますよー」とのこと。
おちびさん！　まだ1歳と少しなのにすごい！

ページを開くとお布団の中でまだ眠そうなおひさまの顔。大きなあくびをして、歯を磨いて、目がぱっちり。シンプルな内容ですが、朝のすっきりとした空気がいっぱいです。『おやすみ』とあわせて、おちびさんに買ってあげようかな。

『おはよう』
なかがわりえこ 作　やまわきゆりこ 絵　グランまま社

10/27

おちびさんが生まれたての頃、泣いているのに
涙が出ていないなあと思っていました。
ところがある日、小さな目に涙をいっぱいためていたのです。
その涙がこぼれてほおをつたったとき、
「もったいない！」
と思わずペロリとなめていました。
涙はやっぱりすこし塩からい味がしました。

ひとしずくの水。「これはなみだ?」。そのひとしずくにありが1匹、また1匹と集まってきます。そこに流れる小さな時間。だれも気づかない間に、きっとあちこちで起こっている出来事。この本を開けば、そっとのぞくことができますよ。文章も、写真も、装丁もすべてが美しい。極上の一冊。

『これは なみだ?』
長新太 文　栗林慧 写真　福音館書店

2011/2/12

近ごろのおちびさんのお気に入りの絵本は、このシリーズ。
「まっくらくらくら　くらーい　くらーい」と唱えると、
「はっ！」という顔をして、本棚に向かいます。
最後のページを読み終えて「はい、おしまい」というと
泣きそうな顔になって「どーじょ　どーじょ」と言います。
「もう一回読む？」と聞くと
「うん」と力いっぱいうなずくので、もう一回読みます。
こうして、何度も何度もくり返されるのです。

『くらいくらい』『めんめんばあ』『おでかけばいばい』。３冊セットで、どれもとびっきりおもしろいです。おまじないのような言葉の連続。耳に心地良い音のくり返し。そしてその言葉たちにぴったりの柳生さんの絵。読んでいるほうも楽しくなってきます。一番おすすめしている、赤ちゃん絵本です。

『おでかけばいばいのほん』
はせがわせつこ 文　やぎゅうげんいちろう 絵　福音館書店　3冊箱入り

3/4

先日友だち親子が遊びに来てくれました。
おしゃべりしながら本棚を眺めていたかなちゃんが「あ、この本がある！」と懐かしそうに本を手に取りました。
私も明美おばちゃんの家に遊びに行くたびに、わくわくしながら見せてもらっていましたっけ。なんでも、妹のなみちゃんがお嫁に行くときに、持っていってしまったのだとか。
「どうしてもほしいで自分で買うわ」と言って、３巻そろえて買ってくれました。
お母さんが大事にしていた本をふたりの娘が同じように好きになって、ずっとそばに置いておきたいと思うなんて素敵。この本はおばちゃんたち家族のいろんな思い出と共にあるのだと思いました。子どもの頃の私のたくさんの憧れが詰まった本です。

『赤毛のアン』の物語から、外国の暮らしやその習慣、お菓子やお料理に憧れた人も多いのではないでしょうか。「真っ白いりんごの花と楽しみなりんご料理五種」「マリラの保存食とアンの特製ラベル」「ギルバートにも似合いそう男女共用のセーター」……。こんな具合においしそうなレシピから小物、本格的なキルトまでたくさんのアイデアが、数々のエピソードと美しいイラストでたっぷり紹介されています。絵本から生まれたレシピ本はたくさんありますが、ここまで物語に惚れ込んだスタッフが作り出した本はほかにないと思います。

『赤毛のアンの手作り絵本Ⅰ少女編　Ⅱ青春編　Ⅲ夢の家族編』
白泉社

3/13

次々と流れてくる地震のニュースに戸惑いながらも、
私たちの暮らしは続いていきます。
つらい、悲しい思いを乗り越える
体力と気力が必要なのだと思います。
ここから眺める鴨川の風景はいつもと変わらず、
そのことに感謝をしながら、
できることからはじめようと思います。

人が生まれると、三人の友だちがやって来て、体の中で暮らしはじめるんですって……。アタマはかせ、ハートおばさん、いぶくろおじさん。三人はその人が死ぬまで一緒にいてくれて、いろいろ助けてくれるそうなんです。自分の中に友だちがいたなんて、それも三人もいたなんて！　それだけでなんだか心強い気持になりませんか？　人が生まれ、死んでいくまでを、大らかに描いた絵本です。

『きみがしらないひみつの三人』
ヘルメ・ハイネ 作　天沼春樹 訳　徳間書店

3/15

先日、もうすぐ３歳になるという男の子が店にやってきました。
気に入った本が見つかって、レジまで持ってきてくれました。
少し眠たくなったのか、お父さんに抱っこしてもらうと、
すかさずお母さんが小さな布を手渡していたので、
「それなんですか？」と尋ねると、
「タグが好きなんです」とお母さん。
私の甥っ子、まあさんもタグがないと眠ることができず、
眠たくなってくると、
みんな慌てて「タグ、タグ」と大騒ぎしたものでした。
「同じですねえ」と笑って見送ると、
しばらくして、お父さんが慌てた様子で、
「タグを落としていませんでしたか？」とみえました。
あの子のタグは無事見つかったでしょうか？
子どものこだわりを家族みんなで大切にしている様子が
とても素敵でした。

男の子はいつもおさるのぬいぐるみと一緒。冬のある日、おかあさんとお出かけした先で、おさるを落としてきてしまいます。さて、おさるは男の子のもとへ戻れるのでしょうか？　身近なところで起こる、小さな冒険。文字のない絵本だけに、印象深い一冊です。

『ぼくのおさるさんどこ?』
ディーター・シューベルト 作　文化出版局

3/16

おちびさんがぐずっている時に、
「おつむ　てんてん」と言うと、
「あ！」という表情をして、
うれしそうに両手でおつむをたたきます。
その様子がとてもかわいらしいのですが、
あまりに勢いよくたたくので、
ぺしぺしと痛そうな音がします。
「そんなにきつくたたかんでええんやに」
と言うのですが、楽しいようで、
何度も「言って、言って」とせがみます。
この絵本を見せたいなと思うのですが、ずっとたたいていそう。
でも痛かったら、自分でやめるやろなあ。

さっちゃんが　おつむてんてん　おくちはあわわ　それを見ていたねこがまねて　おつむてんてん……。豊かな表情と愛らしいしぐさのくり返しで綴る赤ちゃん絵本。おちびさん、喜ぶやろうなあ、やっぱり買おうかなあ。

『おつむ てん てん』
なかえよしを 作　上野紀子 絵　金の星社

4/10

昨日の夜のこと。
ごはんも食べて、ひととおり遊んで、「さあ、寝ましょう」と布団にもぐり込みました。おちびさんはごそごそと眠そうにしているなあと思ったら急に「よいしょっ」と言い、勢いよく布団から飛び出して、本棚から本を出したり、足もとに寝ている猫たちをたたいてみたりするのです。
「もうー寝ようよー」と言って布団に連れ戻すのですが、静かになったなあと油断していると、「よいしょっ！」と言ってまた飛び出す始末。何度も何度もくり返しているうちに、私が眠たくなってうとうとしていると「あいあーい、どーじょ」と遠くから声がします。
驚いて玄関に行ってみると、暗い中でカギを開けようと一生懸命背伸びをしているではありませんか。猫のニコも戸を開けてもらえるのかと思って、隣で待っています。しばらく見ていたのですが、やっぱり眠たいので、「もう先に休ませていただきます」と言って布団に戻ると、今度は靴を持ってきて熱心に「あい！　あい！」と訴えていました。
何かどうしても、出かけなくてはいけない用事があったのかもしれません。

ある夏の夕方、猫のマルコムはすっかりおめかしをしていました。マリー・エレインは一緒に連れていってほしいと、急いでドレスを着て小さくなりました。さあ、ねこたちのパーティのはじまりです！　素晴らしいごちそうに、素敵なダンス。まるで夢のようです。マリー・エレインは家に戻ると、くたびれてソファーで眠ってしまいます。おかあさんはびっくりして「まるでねこと一緒に一晩中そこにいたみたいだわね」と言います。マルコムは知らん顔。素敵な夜のことは、もちろん大人には教えられません。だって「ひつみだから！」ね。

『ひみつだから！』
ジョン・バーニンガム 作　福本友美子 訳　岩崎書店

4/11

仙台のブックカフェ「火星の庭」の久美子さんとめぐたんがお泊まりにきてくれました。
おちびさんはめぐたんが大好き。
めぐたんが本を読んでいると、うれしそうに隣で本を広げて読んでいるし、めぐたんが歌を歌えば、自分も負けないくらい大きな声で歌っています。
カレーのお鍋にスプーンをつっこんで食べたがるので、私が「あかんよ」と叱ると、めぐたんがこっそりお鍋の蓋を取ってくれるのです。
そんなめぐたん。唐突に質問を大人に投げかける天才。
今朝は「水滴ってなに？」からはじまり、「推理ってなに？」、「とんでもないってなに？」。めぐたんを前に大人たちはなんだか頼りのない答えをくり返すばかり。でもめぐたんの頭にひっかかっていく言葉がどれも「なるほど」「そういえばなんやろ？」と思わせるものばかりで、とてもおもしろいのです。
最後に「ぼんじゅーるってなに？」と言っていました。

「めだかの　がっこうは　かわの　なか／かめかう　なつの　はだかの　わがこ」。この文章、とってもすごい仕掛けがあるのですが、お気づきになりますか？　めぐたんのように言葉がおもしろくて仕方のない人にぜひおすすめしたい一冊。言葉から広がる無限の宇宙を感じます。

『ことばのこばこ』
和田誠 作　瑞雲舎

4/26

ごはんの時、おちびさんは手についたごはん粒がうまくとれないので、私に手を出して「ちょーらい」と言いました。
「そういうときは、『とってちょうだい』って言うんやに」と言うと、「いや」と言うではありませんか。
はじめて聞く「いや」にちょっぴり感激しました。
いよいよこれから「いやいや」がはじまるんやなあとわくわくします。
今は「どーじょ」と「ちょーらい」を巧みに使い分けていますが、少しずつ言葉が増えてくるのが楽しみです。

何でも「いやだいやだ」と言うルルちゃん。お母さんも、おいしそうなおやつも、そしておひさまにまで「そんなに『いやだ』って言うなら私たちも『いやだ』って言うよ」と言われてしまいます。さて、ルルちゃんはどうするでしょう？　この本は最初から最後まで、みんな眉間に大きなしわを寄せています。子どもの「いやいや」が一生続くわけでなし、それくらい受けとめる余裕があればいいなと思います。なんて言っていられるのも、今のうちだけなのでしょうか？

『いやだいやだ』
せなけいこ 作・絵　福音館書店

5/3

先日、実家で古いアルバムを見ました。私がまだ子どもの頃の写真です。よく出てくるのが、田んぼのあぜ道や山や川で遊ぶ、私たち姉弟。
いつも何かを採っています。銀杏を拾ったり、わらびやぜんまいやこごみ、きくらげやたらの芽もよく採りにいきました。あの頃はそれがあたりまえだったので、「もっと子どもが喜ぶところに連れていってほしい！」といつも思っていました。
遊園地やジャンボ海水プールのことです。
でも大人になってアルバムを見ていると、
土のにおいや落ち葉を踏みしめる音、木漏れ日のすがすがしさなど、全部知らず知らずのうちに、教えてもらっていたことに気づきます。

たくさんの樹々を育む森。その中の一本の大きな木がそのいのちを終え、大きな音とともに倒れます。するとその木のあったところに、ぽっかりと空が顔をのぞかせます。暗かった森におひさまの光がふりそそぎ、芽生える木の赤ちゃんたち。はるか昔から、気の遠くなるような時間をめぐるいのちの物語。片山さんの文章がやわらかく、姉崎さんの写真が力強く、読む者を森の中へといざなってくれるのです。

『森にめぐるいのち』
片山令子 文　姉崎一馬 写真　フェリシモ出版

5/20

カメラマンの藤井君が１ヶ月かけて青森から福島まで歩き、
岡山に帰る途中に京都に寄ってくれました。
ひと月かけて歩き、自分の目で見て、聞いて、
たくさんの人と出会った彼は、
ぐっと物事を見る目が養われたような、
何かがそぎ落とされたような、
すがすがしい感覚をもっていました。
そして「これからだ」と何度も言っていたのが
印象深かったです。

「あるひ　あるひ　ひとりのこどもが　どんどん　どんどん　ゆきました」。力強くまっすぐな片山さんの絵と文章。理由なんてない。ただただどんどん　どんどんと進むだけ。私はどんどん進みたい人のことをじゃませずに、見ていたいと思うのです。私もどんどん進みたい気分の時には、見ていてほしいと思うのです。

『どんどん どんどん』
片山健 作　文研出版

6/27

私はかなり大ざっぱな性格です。
「おちびさんいくつになったんですか？」と聞かれると、
いつも「1 歳半です」と答えていました。
ところが、ちゃんと数えてみると
1 歳と 10 ヶ月になっていました。
年齢を尋ねた方も、正確に何ヶ月かまで知りたいわけではない
だろうと思うし、ついつい「1 歳半」と言っていました。
うちのおばあちゃんは、実はまだ 89 歳なのに、「92 歳」と
さばをよんで、まわりを驚かせていましたし、実際のところ、
自分の年齢だって答えるときに危ういのですから……。
だいたいでいいですよねぇ。

表紙にはいっぱいのあひるのおもちゃ。「いくつある?」と聞かれたら、私なら数える前から、うんざりしてしまいそうです。でもだいたいどのくらいか考えるための、ちょっとしたコツがあるとしたら……？　数字が苦手な人にこそおすすめしたい、数をかぞえる楽しさに目覚める写真絵本。

『だいたいいくつ？　数えてみよう・はかってみよう』
ブルース・ゴールドストーン 作　まつむらゆりこ 訳　福音館書店

6/28

近頃のおちびさん、
ごはんをこぼすと「あ、おちたー」。
おもちゃを落としては「あ、おちたー」。
ブロックをはめようとして失敗しても
「あ、おちたー」と言います。
何か上手くいかなかったときなんかに
「おちた」は便利なようです。
今朝はねこたちが高いところから飛び降りるのを見ると、
手をたたいて
「あ、おちたねー　おちたねー」と喜んでいました。

花瓶に挿した花が枯れ、花びらが音もなく落ちてゆく様子、冬の空から雪が静かに降ってくる様子、夜のとばりが降りてきて、星が降ってくる様子。私たちのまわりにはなんとたくさんの「おちてくる」ものがあるのでしょう。そのどれもが時間の流れであり、自然の恵みであり、あたりまえのことのようで、実はとても素敵な営みの一部であることを、この本はそっと教えてくれるのです。『どろんこハリー』の名コンビのデビュー作。

『あっ おちてくる ふってくる』
ジーン・ジオン 文　マーガレット・ブロイ・グレアム 絵　まさきるりこ 訳　あすなろ書房

7/20

保育園にお迎えに行くと、先生が心配そうに
「おちびさんのうんち、今日真っ赤だったんです」と言いました。
昨日、電車で奈良に出かけたおちびさんは売店で、
トマトジュースを買ってもらってうれしそうに飲んでいました。
今朝、朝ごはんにミニトマトをたくさん食べていました。
全部、トマトの赤だったと思います。
グレープジュースを飲んだ日は紫色のうんちをしていました。
おちびさん、でんでん虫のようです。

畑で真っ赤に熟れたトマトさん。暑くて暑くてたまりません。すぐそばを流れる小川に、ころころぽっちゃん！　と飛び込むミニトマトたちをうらやましく思うのですが……。畑で実る立派なトマトを見るたびに、この本のことを思い出すのです。

『トマトさん』
田中清代 作　福音館書店

8/10

一昨日の夜、突然おちびさんが何も食べなくなりました。
大好きなとうもろこしを見せても、頑なに首を振ります。
夏バテかなあと思っていると、翌朝も何も食べません。
あんなにくいしんぼうなのに！　と心配していると、
背中に発疹がたくさん出ていました。
病院に行くと突発性発疹と言われました。
２日間、ほとんど何も口にしなかったのに、その間も
「ごはんやにー」と言って、ちゃぶ台におかずを並べると、
「わあー　おいちいねえ」と言っていました。

おなかがぺこぺこのわにわにが冷蔵庫を開けると、そこにはおいしそうな肉がありました……。ギラリと光るするどい目。立派な牙がずらりと並んだ大きな口。どこから見ても怖そうなわにわに。実はとてもくいしんぼう、そしてとてもチャーミングなのです。

『わにわにのごちそう』
小風さち 文　山口マオ 絵　福音館書店

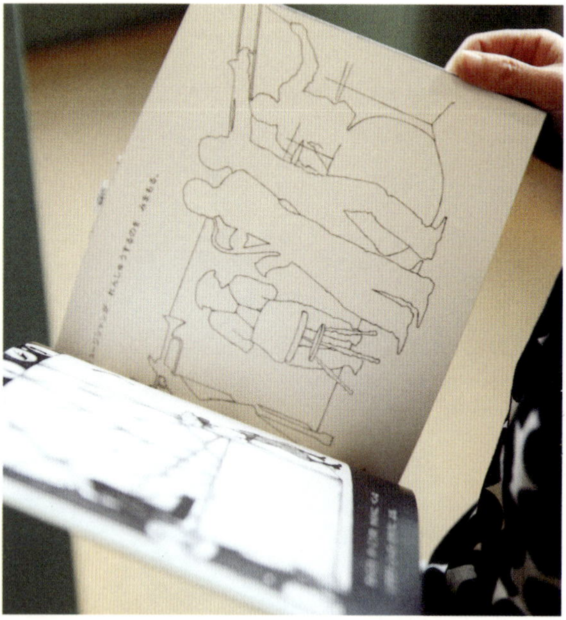

第3章

店とお寺と足踏みミシン

ずっとひとりでやってきましたが、出産のため店に初めてのスタッフを迎え、二人三脚で店を切り盛りする日々が始まりました。店はまだまだ軌道に乗ったとは言えず、店を離れることに気持ちは焦るばかり。おちびさんこと蓉《よう》が1歳になるまでは店にベビーベッドを置いて蓉と一緒に出勤していました。保育園に通い始めてからは、朝、まだ暗いうちから起きて洗濯、朝ごはんとお弁当(自分用)を作り、トビラノさんと蓉を送り出して、店に出勤。夕方にスタッフと交代をしてお迎えに行き、夕飯やお風呂であっという間に寝る時間。家で本を開くこともままならない日々でした。ちょうどその頃、蓉の服でも作ろうかと足踏みミシンを買いました。生地屋さんではぎれを見つけたり、自分やトビラノさんの服から小さいズボンやシャツをこしらえたり、無地のTシャツに絵を描いたりしていました。まとまった時間はなかなか取れないけれど、出勤前の少しのひとりの時間でちょこちょこと家族のために何かを作ったり、小さな模様替えをしたりと楽しんでいました。

2013年の冬には次男、攝《せつ》が誕生。私の暮らす町屋は小さな路地にあって、ご近所さんたちの仲が良く、子どもたちもよくしてもらいました。子どもたちの成長をみんなが見守っていてくれる安心感はかけがえのないものでとてもありがたかったです。

　店を営みつつ、トビラノさんの実家である徳正寺のお手伝いもします。四日市のメリーゴーランドでは長く企画に携わってきたので、お寺での大きな法要の準備などはどこか今までやってきた仕事と重なる部分も多くあったものの、すべてが初めての事ばかり。義理の両親の等さんと章子さんは何もできない私にとても寛大で「しっかり見て覚えなさい」「自分のやり方を見つけなさい」と温かく見守ってくれるので感謝しています。

2011/11/13

先日、腹が立ってしょうがないことがありました。
疲れたし、寝ようとしてもどうしても寝つけません。
隣では大きい男子と小さい男子がすやすやと眠っています。
なんだかやさぐれた気分になっていたので、
「そうだ　夜中にラーメン食べてやれ！」と思い立ち
もしもの時のために隠してあった、
インスタントラーメンをこっそりひとりで食べました。

ラルフはセイラが飼っているねこです。でも普通のねこではありません。相当なあくたれなのです。セイラがぶらんこに乗っていると、ぶらんこがぶらさがっている木の枝をのこぎりで切ったり、パーティーのクッキーを全部ひと口かじって味見をしたり、ラルフのことが大好きなセイラでさえ「ときどきあんたをかわいいとおもえなくなるわ」と言わせるほどのあくたれぶり。
ある日、家族でサーカスを見に行った先で、ラルフのしたいたずらとは！　ここまで立派なあくたれが突き通せるのも、ラルフが愛されているから。私だったらとっくに堪忍袋の緒が切れているなあといつも苦笑いしながら読んでいます。

『あくたれラルフ』
ジャック・ガントス 作　ニコール・ルーベル 絵　いしいももこ 訳　童話館出版

11/29

ここのところ、おちびさんが毎日「みあん　みあん」と言うので寺町の果物屋さんでみかんを買おうとすると、お財布が見当たりません。

おじさんに「忘れてきたので、また来ます！」と言うと、

「ええよ　もっていってー」と言って

みかんを自転車のかごに入れてくれました。

遠慮する私に「近所の人？　いつでもいいし、通りかかった時でいいしお金もってきてー」と言ってくれました。

昔はこんなことが暮らしの中にたくさんあったんやろなあとか、おじさんはこうやってこの町で商売をしてきたんやなあとか、いろいろ考えました。

お財布を忘れてちょっとよかったです。

もちろん、その後にお金をもってお礼に行きました。

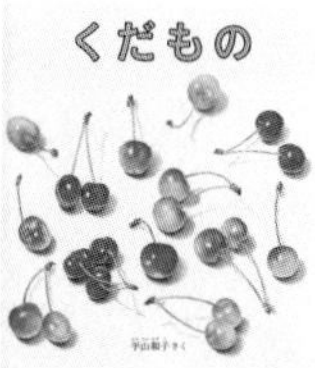

つやつやとして、なんともおいしそうなすいか、もも、ぶどう、そしてみかん……。次のページには「さあ　どうぞ」の文字。果物をむいてもらうのって、なんだかうれしいですよね。おちびさん、見るたびにたまらずよだれをたらしてしまいます。

『くだもの』

平山和子 作・絵　福音館書店

12/2

神社で「こどもみくじ」なるものを発見し、
思わずひいてしまいました。
結構期待していたのですが……。
「もんだいを　よくみて　しけんを　うけよ、
かみさま　おまもり　なさいます」
さらに
「おねがい……かなわぬ　もっと　よいこになりなさい」
「おべんきょう……ときどきするのではだめ　まいにちせよ」
などなど。
その内容にちょっとびっくりしました。
子どもがせっかくひくおみくじなんだもの。
大人が読んでもおもしろく、
夢や希望をユーモア交えて書いてあってほしかったです。

謎に包まれている忍者の武器や道具、忍術や戦い方を紹介。忍者の秘密が次々と解き明かされていくのです。忍者といっても生身の人間。その技は体の全部の神経を研ぎ澄ましてこそ得られるものだと思いました。大人の本気はこういうことだ！　と。

『なるほど 忍者大図鑑』
ヒサクニヒコ 作　国土社

12/7

昨日、おちびさんがごはんのとき、自分の服を指さして、
「おんなのこ　おんなのこ」と言うのです。
確かに昨日は、水色の小さな花模様のシャツを着ていました。
私は男の人がピンクや花模様の服を着ていたり、
女の子が黒のランドセルをしょっていると、
「いいなあ」と思うのですが、
きっと保育園で言われたのでしょう。
男の子だからとか、女の子だからとか、
なるべくなら言わずにいたいなあと思いますが、
まあ本人がいやがるなら無理強いしないでおきましょう。
でもおちびさんはこの本が大好き。

あたらしいワンピースを着た、うきうきした気持ちが絵にも言葉にもいっぱいに詰まっていて、何度読んでも楽しい絵本です。男の子も意外と夢中になりますよ。

『わたしのワンピース』
にしまきかやこ 作　こぐま社

12/12

いただいたパセリにキアゲハの幼虫がついていたのをきっかけに、おちびさんは「ちょうちょのあかちゃん」が大好きになりました。
紙とえんぴつを持って来て「ちょうちょのあかちゃんかいて」と一日に何度も言われます。
実は私はいもむしが苦手。自分で書いた絵を見てもちょっと「ぞっ」とするくらいなのです。
この本を目の前にページを開こうかどうしようかとさえ悩むのです。

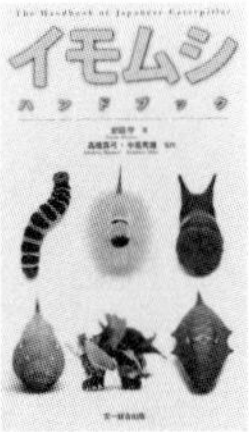

子どもに「これはなにの幼虫?」と聞かれて困ったことのある方は必見。顔のアップからサナギの様子、成虫はもちろん、生息生態がくわしく、コンパクトにおさめられています。「こんな本が欲しかった!」と感激するお客さん多数。きっと大活躍することまちがいなしの一冊。

『イモムシハンドブック』
安田守 著　高橋真弓・中島秀雄 監修　文一総合出版

12/22

スープが大好きなおちびさん。
いつもスープを作るお鍋が机の上においてあると、
「スープぅ？　スープかあ？」と気になって仕方のない様子。
「今日はふろふき大根やに」と言っているのに、
どうしても中を見ないと気がすまないようで、
背伸びをし、蓋を取ろうとして、トビラノさんに
「熱いから、あぶないよ！」と言われたとたん、
「あーん」と大粒の涙をぽろぽろとこぼして泣き出しました。
見事な泣きっぷりに感心してしまいました。

世界一おいしいかぼちゃスープを作る、仲良し３人組。ねこが切り分け、りすがかきまぜ、あひるが塩で味つける。ところがある日、あひるがりすのスプーンを持ち出して……。テンポのいい文章と愛らしい絵が、魅力あふれる世界を作り出しています。かぼちゃスープが飲みたくなりますよ。

『かぼちゃスープ』
ヘレン・クーパー 作　せなあいこ 訳　アスラン書房

2012/3/3

今日は３月３日、桃の節句。
実家にはおばあちゃんのおひなさま、母のおひなさま、
そして私のおひなさまがあります。
子どもの頃からどれも大好きで、
学校から帰ると順番に眺めるのが楽しみでした。

「わたしは生きてるさくらんぼ」と小さな女の子が歌います。「まいあさ　わたしは　あたらしいものになるのよ」。それは歌のようで、詩のようで、小さな女の子の命の言葉のようであります。時として繊細で、時として力強い女の子。バーバラ・クーニーの絵もすばらしい。喜びにあふれた絵本です。

『ちいちゃな女の子のうた わたしは生きてるさくらんぼ』
デルモア・シュワルツ 文　バーバラ・クーニー 絵　白石かずこ 訳　ほるぷ出版

3/4

保育園から帰ってくると、すぐに台所にやって来て、
「なんか　たべたい　な！」と言う、おちびさん。
トビラノさんがヨーグルトを食べていると
「ヨールグット？　たべたい」
バナナを食べていると、
「マナナ？　たべたい」
薬を飲んでいると、
「おすくり？　たべたい」
とその食欲はとどまるところを知りません。
おなかはいつもぽこぽこにふくらんでいるのです。
いつかひっこむ日が来るのでしょうか……。

きょうはうれしい「とくだいび」　なんでもおおきな「とくだいび」　おせんべいにたまご、わたあめにたこやき、なんでも特別大きくなるのが「とくだいび」！　ユーモアと食べる楽しさがぎゅっと詰まった絵本。本当に「どっからたべよう！」と思ってわくわくしますよ。

『どっからたべよう』
井上洋介 絵・文　農文協

3/21

おちびさんはたまごアレルギー。
なのに、たまご好き。
たまに朝食時にまだおちびさんが眠っていると、
急いで目玉焼きやスクランブルエッグを作って、
これまた起きるまでにささっと食べています。

先日作ったグラタンにオレンジ色のチーズをのせたら、
それを見て「たまご　たべたい！」
「たまごや！　たまごや！」と喜んでいました。
早く食べられるようになるといいなあ。

ある日、妖精が森の中を歩いていると、苔の上に大きなだいだい色のまるいものを見つけました。空を見上げると、雲の間におひさまが見えたので、妖精はおひさまのたまごに違いないと思い……。スウェーデンの田舎で過ごした子どもの頃の思い出がたっぷりとしみ込んだ作品は、世界中の子どもたち、大人たちを魅了してやみません。エルサ・ベスコフの愛らしい絵本。

『おひさまのたまご』
エルサ・ベスコフ 作・絵　石井登志子 訳　徳間書店

3/25

ごはんを作るときいつも
「食べる人を喜ばせたい！」と思います。
なので、食卓にごはんを運んだとき
「わあ～」とか「おいしそう」とか言ってもらえたら
とてもうれしい。
その点、おちびさんはとても反応がいいのですが、
空っぽのお鍋を見ても
「わあ～！！」と言っているので微妙です。

スパイシー・ベジタブルスープ／チーズとタマネギのタルト／ケイジャンチキン パイナップルサルサ添え／冬野菜のメープル風味／リンゴとブラックベリーのクランブル カスタードソース添え…… なんと素敵なメニューでしょう。この本とおいしいものへの情熱さえあれば、この夢のような料理がいつでも食べられます。料理の得意な人も、苦手な人も、この本を手にしてわくわくしない人なんて、いないのではないでしょうか。シンプルな料理から、手の込んだ料理まで、美しい写真と作りやすい手順で、見てよし、食べてよしの100のレシピが詰まっています。

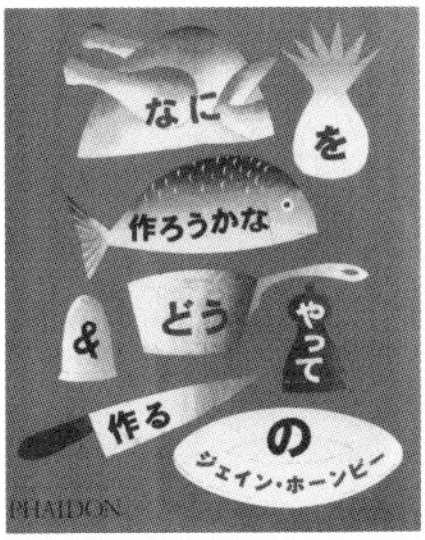

『なにを作ろうかな＆どうやって作るの』
ジェイン・ホーンビー 著　ファイドン

4/1

おちびさん、寝起きがとても悪いある朝のこと。
「本読もっか」と言うと、布団の中でうなずくので
本棚の本のタイトルを順番に読んでいくと……

「おおきい　ちいさい　読む？」
「おおきい　ちいさい　ちばう」

「カボチャありがとう　読む？」
「カボチャありがとう　ちばう」

「もこもこもこ　読む？」
「もこもこもこ　ちばう」……。

結局、全部読み上げて、うなずいたのは
長さんの本だけたったのです。
特に何度も読んだのはこの本。

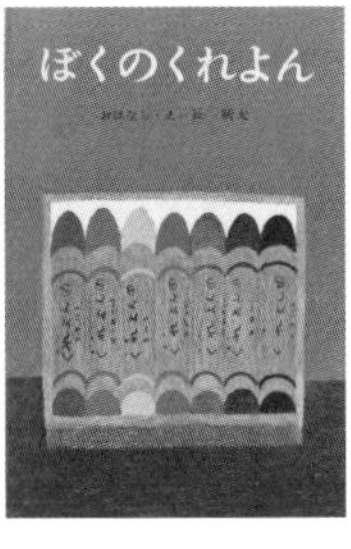

大きな大きなくれよんが、ずらり。これはぞうのくれよんなのです。ぞうはこの大きなくれよんで、びゅーびゅーと大きな大きな絵を描きます。とんでもなく大きなくれよんで描かれる、突拍子もない絵の数々。楽しみどころ満載の長新太ワールドをぜひ。

『ぼくのくれよん』

長新太 作・絵　講談社

4/7

おちびさん。いろんな歌を歌います。
でもオリジナルのアレンジがかなり効いています。
昨日も「これっくらいの　おべっんとかな？」を
「これっくらいの　おにっぎりっかな？」と歌うので、
私が本家を歌うと「それはちばう！」と怒られてしまいました。
たぶん一番気に入っているのは“げんこつやまのたぬきさん”。
「おっぱいのんで　ねんねして」をえんえんとリフレインしています。

ぴかぴかのミートボール、ふわふわの玉子焼き、ぷりぷりのたこウインナー、あまーいにんじん……。お弁当は蓋を開けるときが一番どきどきします。だからこそ、だれかに作ってもらったお弁当が食べたいです。

『おべんとう』
小西英子 作　福音館書店

4/9

おちびさんとお風呂に入っているとき、
私の顔を指でさわって「これは？　これは？」と聞くので
「くち」「はな」「みみ」「ほっぺた」と答えていました。
最後に目を指さすので「これは、め」と言うと、
「ちばうの　これ！」と何度も目玉をさわろうとします。
私が反射的に目をつむるので
「ちばう！　ちばう！」と怒ります。
どうしてもさわりたいらしいのですが、
こればっかりは無理でした。

谷川さんのリズミカルな文章。長さんの愉快な絵。何度読んでも飽きることのない絵本です。言葉ってこんなに楽しいんだ！　とわくわくすることまちがいなし。こんな本なら何度「よんで」と言われてもへっちゃら。

『めの まど あけろ』
谷川俊太郎 作　長新太 絵　福音館書店

4/21

ねこのあおちゃんが行方不明になって２日。
白くてふわふわなので、近所でも人気です。
姿が見えないと、みんな心配していました。
昨日、出先から帰るとどこからか、か細い声がします。
おちびさんも「あ　あおちゃん　あおちゃんやな」と言うので、表に出て探しました。
あおちゃんは、隣の家の倉庫の屋根裏に入り込んで出てこられなくなっていました。
救出している間、おちびさんは「まっくらやな　ちょっとこわいな」と言っていました。

昼をこよなく愛する白いねこと、夜をこよなく愛する黒いねこがおりました。白いねこは黒いねこに、昼の素敵なところを見せたいと思いました。黒いねこは白いねこに、夜の素晴らしさを感じてほしいと思っていました……。たったふたつの色と紙の白で、こんなに豊かな世界が描けるなんて！　マーガレット・ワイズ・ブラウンとレナード・ワイスガードの作り出す絵本の世界にため息が出ます。

『よるとひる』
マーガレット・ワイズ・ブラウン 文　レナード・ワイスガード 絵　ほしかわなつこ 訳　童話館出版

4/23

今朝、雨があがってからおひさまが照ってきました。
外に出ると、蒸し暑いこと！
このむわっとした感じ。久しぶりです。
ようこそ湿気！　私は蒸し暑いのが大好き！
これからひと雨ごとに、夏が近づいてくるかと思うとわくわくしてきます。

鮮やかな色彩で描かれた、雨、空、雲、そして湿気！土から立ちのぼる湿気が描かれた絵本って、そうそうないと思います。何度もめくってみたくなるリズムも魅力的。

『あめかな！』
U.G.サトー 作　福音館書店

5/2

朝起きて雨が降っていると
「いややなあ〜」とついつい言ってしまいます。
自転車に乗れない、靴がぬれちゃう、
保育園の送り迎えが大変……などなどと
考えてしまうからです。
でもおちびさんは朝起きて雨の音を聞くと、
それはそれはうれしそうに
「かさ　もってくわ」「ながぐつ　はこっかな」
とうきうきしていました。

子どもたちの笑い声、傘にあたる雨粒の音、湿り気を帯びた少し重い空気……。雨の日の楽しさを、存分に描いた字のない絵本。

『雨、あめ』
ピーター・スピアー 作　評論社

5/4

おちびさんとトビラノさん。
昨日は近鉄電車に乗って、奈良に行ってきました。
私は店だったので、ふたり旅です。
帰ってくると「あんな　あんな　きんてつ　のったん！」
「いっぱい　しゅっぱつしんこう　したん！」
「とびらが　しまります　ごちゅうい　ください　したん」
と大興奮でした。

「いつまで遊んでるの！　明日は学校があるんだから早く寝なさい！」。お気に入りの汽車のおもちゃで遊んでいた男の子は、しぶしぶベッドへ……。そうして見た夢は？「いっしょに　きしゃに　のせて！」と言って次々にやって来る動物たち。彼らは人間のせいで、自分たちの居場所を追われていたのです。ジョン・バーニンガムらしい風刺とユーモアが効いている、動物好きにも、電車好きにも、そして大人にもおすすめの一冊。

『いっしょに　きしゃに　のせてって！』
ジョン・バーニンガム 作　長田弘 訳　瑞雲舎

5/8

トビラノさんとおちびさんは今度は動物園に行きました。
とら　らいおん　くま　ぞう　きりん……
たくさん動物の名前を言うので、
トビラノさんは驚いたそうです。
前にとらを見たときには「ねこ」と言うので、
「とらやに」と言うと、
「とら　ちばう　ねこ」と言っていましたっけ。

同じ顔の人っていませんよね。そんなのあたりまえ？
では動物は？　日本全国の動物園の動物たちの顔写真が大集合。ずらりと並んだ写真を眺めてみましょう。ほらね、みんな違う。とっても愉快！

『みんなのかお』
とだきょうこ 文　さとうあきら 写真　福音館書店

5/12

毎月発行している手づくりの新聞、
メリーゴーランド新聞ができあがる頃、
ブッククラブの発送作業がはじまります。
ご希望の方に毎月、宅配便で本をお届けするのです。
送る人のことを考えながら店の棚から本を選びます。
近所の方、遠くの方、しょっちゅうお会いする方、
まだ会ったことのない方、赤ちゃんから大人までいろいろです。
本を送ったお客さんからこんな感想が届きました。
「出会えてよかった。大事にします」
こんなふうに私の大切な本を共有できることが、
本当にうれしいです。

まどさんの言葉は風のように、くうきのように読む者の心を満たしていきます。ささめやさんの絵は、言葉を楽しんで、そして慈しんで包み込むように描かれています。私もはじめてこの本を手にしたとき「出会えてよかった」と思いました。

『くうき』
まど・みちお 詩　ささめやゆき 絵　理論社

5/22

「まっせー　まっせー」と言いながら、
ちゃぶ台におもちゃを並べるおちびさん。
お店なんかな？　と思って、
「これください」と言ってみると、
「ちょっと　まってください」と
言って品物をどこかに持って行き、
「ぴ」と言っていました。
まちがいなくお店やさんでした。

子どものごっこ遊びは見ていて飽きません。でも見ているのを、気づかれないようにしなくてはなりません。なるべく大人がじゃまをしないように、その遊びの中に存分にひたってほしいものです。コッコさんを見ていると、自分の子どものときにまわりにあったこまごまとした遊び道具や、おもちゃのことを思い出します。コッコさんシリーズ、大好き。

『コッコさんのおみせ』
片山健 文・絵　福音館書店

5/29

絵本のワークショップでこの本を読みました。
数日後、参加してくれた親子が店に来てくれてお母さんが
「あの子に読んでやってくれませんか」と言います。
「私ではどうも違うようなんです」と。
一番盛り上がる「ぽんぽん　ぶうぶう」のページになった時の
その子の期待でいっぱいの顔といったら！
こんなに楽しみに聞いてくれるなんて、
こっちがわくわくしました。
これだから本屋はやめられないのです。

たぬきのおじさんが、じどうしゃで　やまのうえからかわのほうへ　はしってくると、ぴゅうっとさかなが　とんできました……。ぐいぐいと子どもたちの心を惹きつける長さん。大人がひとりで読んでもこのおもしろさに気づくのは難しいかもしれません。私も子どもに読んでみて、「こんなに笑うのか！」「そんなに喜ぶのか！」とさらにその計り知れない魅力に気づかされたのですから。

『たぬきのじどうしゃ』
長新太 作　偕成社

6/2

先日友だちの家の田んぼに遊びに行きました。
田んぼで遊ぶのははじめてのおちびさん。
かえるや、かえるの卵、イモリに大喜びするかな？
と思いきや、「ちょっと　こわいな」と腰が引けていたのがおかしかったです。
同い年の春ちゃんとふたりでどろんこになって、
田んぼから水をかいだしていました。
春ちゃんはあめんぼのことを「あまえんぼ」、
おちびさんは「あまいもの」と言っていました。

ある日、食べるつもりもないあめんぼをついつい食べてしまった、かえるのじいさま。食べたって苦いだけだったなあとぼんやり考えていると、そのあめんぼ夫婦の娘のおはながやってきて……。あめんぼおはなの健気でかわいらしいこと。あめんぼの涙が見られるのは、この絵本だけではないでしょうか。

『かえるのじいさまとあめんぼおはな』
深山さくら 作　松成真理子 絵　教育画劇

6/10

葉山の友だちの家から車で少しのところに海があります。
京都の普段の暮らしでは、海の気配を感じることがないので、
海風のにおいをかいだ時はとてもうれしかったです。
長いこと海の近くに暮らしていたので、
やっぱり海が恋しいです。

おちびさんは友だちが「はだしになると気持ちいいよ〜」と
言って、靴を脱ぐのを見て、はじめはいやがっていたのですが、
最後にははだしに。
その後は、電車の中でもお店の中でも、
「はだし　きもちいいよ〜」と言って
ぽいぽいと靴を脱いで歩くので、
足の裏は真っ黒になっていました。

ずっと欲しかった本が復刊されました。えんぴつだけで描かれた素朴な絵、言葉はほんの少し。それなのに海のにおいも、風の冷たさも、砂の熱さもすべてを感じることができるのです。何度でもページをめくりたくなるのです。

『はまべには　いしが　いっぱい』
レオ＝レオニ 作　谷川俊太郎 訳　好学社

6/11

スーパーの金魚すくいで、もらってきた金魚が死にました。
浮かんでいる金魚を見て、
「きんぎょ　ねんねしてるの」と言うおちびさんに、
トビラノさんが「金魚、死んじゃったから、土に埋めよう」
と言って金魚を庭に埋めました。
それからしばらくは、眉間にしわを寄せて
「きんぎょ　しんじゃったん」といろんな人に言っていました。
最近は言わなくなったなあと思っていたのですが……。
先日、瓶に入った唐辛子を見て、
「きんぎょやな　きんぎょ　しんでるんやな」
と言っていました。

あまりにも有名。あまりにも定番。世界中で翻訳され、世界中の子どもたちと大人たちを魅了し続けている絵本。1970年代、80年代の五味太郎さんの色、形、質感、ユーモアどれも絶品。

『きんぎょがにげた』
五味太郎 作　福音館書店

6/12

外から帰ってきたら、まず手を洗ってうがいをします。
私はこれをしないと、落ち着かないのですが、
おちびさんは手を洗うのも、うがいをするのも大嫌い。
と思っていたら急に「がらがら　ぺ　する」と言って、
いすを運んで、洗面所へ。
コップになみなみと水をためると一言。
「おさけ　みたいやなあ～」と衝撃の発言をしていました。

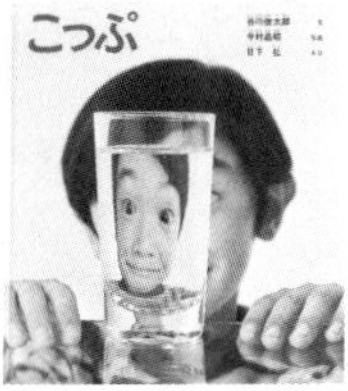

1972年、『かがくのとも』で発行された『こっぷ』。2009年に復刊されました。さまざまな角度と切り口で、観察されるこっぷ。文章も写真もとにかくおすすめです。

『こっぷ』
谷川俊太郎 文　今村昌昭 写真　日下弘 AD　福音館書店

6/13

おちびさん、最近家に帰ってくるとおむつを脱いで、過ごすようになりました。おまるを置いておくと、３回に１回くらいはおまるでおしっこができるようになってきたのです。

２回は床の上に……。はじめはおまるに座っても
「がたん　ごとん　がたん　ごとん……」と言うだけで、
ちっともおしっこは出なかったのですが、
昨日はおもちゃの線路を組み立てている途中に、
急に動きがとまったなと思って見ていると
「ちょっと　まってね」と言っておまるにこしかけ、見事成功。
「えらかったねえ！」としきりにほめると、
まんざらでもない様子。
おしっこを捨てに行こうとすると、
「おしっこ　みたい」とか「すてちゃ　だめ」と言っていました。

しつけのための絵本とか、生活習慣を身につけるためにつくられた絵本は苦手です。だってそれは大人の都合であり、ちっとも絵本として楽しめるものではなくなっていると感じるから。そんな中でもこの本は、ちょっと別格。子どもにちゃんと寄り添っていると思います。ホーローのおまるもかわいい！

『うんちがぽとん』
アロナ・フランケル 作　さくまゆみこ 訳　アリス館

6/15

保育園からの連絡帳に先生のコメントがあります。
一日の様子がわかるので、いつも読むのを楽しみにしています。
「今日は大好きな人へのプレゼントをつくりました。
おちびさんは『あんなおとうちゃんにあげるねん』と言って
一生懸命つくっていました」と書いてあったので、
トビラノさんに「よかったねえ」と言うと、
トビラノさんは複雑な顔をして
「おちびさんは、あんなちゃんのお父さんに
プレゼントするんかあ。大好きなんかあ」と言っていました。
大変な勘違いというわけです。
私は「大好きな人」がわかっているということに
感激したのですが……。

幼稚園で、母の日のプレゼントに花のぬりえをすることになりました。けれどマックスはどうしてもやるのがいやなのです。なぜってマックスはお母さんが大好き。だからちゃんと喜ぶものを知っているからです……。小さい人は、大人ほど言葉を話せないし、ましてや気持ちを伝えることができません。そんな子どもの気持ちを気づかせてくれる小さなきっかけになりそうな絵本です。大人にぜひ！

『マックスが どうしても あげたいものは……』
マーサ・アレクサンダー／ジェームス・ランフォード 作　もとしたいづみ 訳　ほるぷ出版

6/20

昨日は警報が出たので、保育園からお迎えの電話がありました。
おちびさんは強い風を怖がるのかな？　と思ったのですが、
外を眺めて「あめ　ふっとるな」「かぜ　ふいとるな」と言っていました。
昨日はイタリアから妹夫婦が姪っ子を連れて帰ってきました。
台風がはじめてのアレッシオは「どうしたらいいの？」と少し心配そうでした。
章子さんは「雨戸でも閉めて、なんとなくやり過ごすのですよ」と言っていました。

「台風が来る」とテレビや大人たちが騒ぎ出すと、子どもの頃はわくわくしたものでした。「警報が出るかもしれない！」「学校が休みになるかもしれない！」と思ったからです。でもたいてい夜眠っているうちに台風は通り過ぎ、朝はすっきりとした青空が広がっていましたっけ。この本のぼくは、私とは反対。海に行くためにどうしても早く台風に過ぎて行ってもらいたいのです。さて、その願いは叶えられるのでしょうか。湿気を帯びた重い空気、どんよりとした空、不安と願い……。どれもが見事に墨一色で表現されています。そして、鮮やかなもう一色と共に。見返しも素晴らしい。

『たいふうがくる』
みやこしあきこ 作　BL出版

6/23

アキは２月２８日に生まれた赤ちゃん。
アレッシオと朝ちゃんの赤ちゃん。
普段はイタリアのフィレンツェに暮らしています。
２週間ほど京都にいるので、毎日会うのが楽しみです。
アレッシオはおちびさんに会うのも楽しみにしてくれていて、
夜ごはんはなるべく一緒にみんなで食べるようにしています。
昨日はおちびさんの使っていたよだれかけを
アキにプレゼントしたら、「だめ　つける」と言って、
あんなにいやがっていたのに、
アキと一緒になって、よだれかけをつけていました。

赤ちゃんというのは、本当にかわいらしい。ただただ、かわいらしい。その存在だけで、まわりを豊かに満ち足りた気持ちにさせてしまう。この本からは、そんな気持ちがあふれてくるようなのです。

『あかちゃんのうた』
松谷みよ子 文　いわさきちひろ 絵　童心社

6/26

先日、保育園の保護者会なるものにはじめて出席しました。
自己紹介の後に「何か質問、問題点などありましたら、あまり時間がありませんが、遠慮なくおっしゃってください」と園長先生が言いました。
みなさん「特にありません」と言う中、私は、いろいろあるのに特にないなんて言うのはしゃくだと思ってついつい「いろいろありますが、長くなりそうなので、今はいいです」と訳のわからないことを口走っていました。
保護者会が終わり、参観にうつったとき、「ちょっとこちらへ」と私だけ声をかけていただき、別室で園長先生と主任の先生を前に「先ほどおっしゃりたいことがおありのようでしたので、どうぞ」と言っていただきました。
「そうですか！　それでは！」とあれこれ日々思っていることをお伝えしました。
「そんなことおっしゃるのは、あなたがはじめてです！」と何度か言われました。

ジョン・パトリック・ノーマン・マクヘネシーは毎朝遅刻をします。なぜって、学校に行く途中にワニにかばんをひっぱられたり、しげみからあらわれたライオンにズボンを破かれたり、橋を渡ろうとすると高潮にさらわれたりするからです。でもそんなこと言っても先生はちっとも信じちゃくれなくていつもいつも叱られてばかり。はてさて、ジョンは本当にうそをついているのでしょうか？　シュールでユーモアたっぷりのジョン・バーニンガムの作品が俊太郎さんの訳でますます魅力的になっています。子どもにかかわる大人にぜひ読んでもらいたい一冊。

『いつもちこくのおとこのこ　ジョン・パトリック・ノーマン・マクヘネシー』

ジョン・バーニンガム 作　たにかわ しゅんたろう 訳　あかね書房

7/28

ある日、散歩をしていると

「くつに　おなすが　はいって　いたいん」

とおちびさんが言います。

はじめわからなくて、「何が入ったん？」と聞くと

「おなす！」と自信満々に答えるので

「ああ、砂やろ？　お砂やろ？」と言うと、

「ちばう！　おなす！」と言い切ります。

八百屋さんでなすびを見せて、「これ何？」と聞くと

うれしそうに「おなすび！」と答えるのに……。

なすびが靴に入っているところを想像して

おかしくなりました。

絵の具やクレヨンの箱を持ってきて「地面を描きましょう」と先生が言ったとします。さて、みなさんは何色を出しますか？　土は茶色だとほとんどの人が思っているのではないでしょうか？　でも本当に茶色？？？　この本に出てくる色は、まさに土の色。地面の色。土がこんなに色であふれていたなんて！　新鮮な驚きが詰まっています。

『土の色って、どんな色？』

栗田宏一 作　福音館書店

8/27

おちびさん、今日で３歳になりました。
寝相が悪く、朝起きると布団の上にはまずいないので、
今日はどこかな？　と探します。
手足を投げ出して眠っている姿を見ると、
しみじみと大きくなったなあと思います。
昨日、「明日はお誕生日やに。おちびさん大きくなったなあ、
おちびさんのこと大好きやに」と言ったら、
うれしそうな顔をしながら
「はい　どーも」と言ったので
びっくりしました。
すっかり一人前やなあと思いました。

自分を自覚しはじめるのは、いつ頃からなんでしょうか。おちびさんを見ていると、もうすっかり意識しているようにも思えます。「わたし」をいろんな立場の人から見ると……「おんなのこ」「せいと」「おじょうさん」「がいこくじん」などなど。俊太郎さんと長さんの名コンビが贈る、永遠の名作。

『わたし』
谷川俊太郎 文　長新太 絵　福音館書店

9/11

３歳のお誕生日に、パンツをたくさんもらったおちびさん。
車や電車がたくさんのっているので、大興奮です。
後ろに絵のついているのでも、
前に絵がくるように履いています。
おしめ卒業できるかなあ。

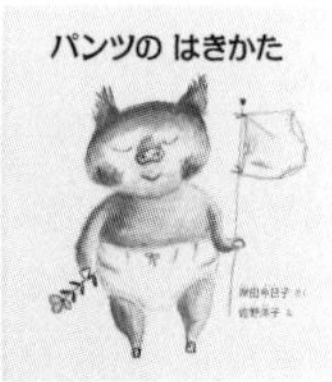

パンツのはきかたをころころとした、愛らしいぶたが丁寧に説明してくれます。見ているだけでもほほえましい。本を見ながらやってくれたらいいなあと思うけど、そんな下心は抜きで。

『パンツのはきかた』
岸田今日子 作　佐野洋子 絵　福音館書店

9/26

先日トビラノさんが保育園におちびさんを送っていくと、
おちびさんが友だちのすうちゃんに会うなり、
「すうちゃん、かみきった？」と言ったそうです。
するとそれを聞いていた先生が「そういうこと、とても大事よ」
とおちびさんに言ったとか。
トビラノさんがおかしそうに話してくれました。
「すうちゃん、髪切ってたん？」と私が聞くと「わからん」と
トビラノさんは言っていました。
トビラノさんはそういうことに
全く気がつかないタイプの男子です。

おかっぱ頭のまあちゃんは友だちの長い髪がうらやましくて仕方ありません。もしも髪が長かったら……。まあちゃんの空想はどんどん広がっていきます。

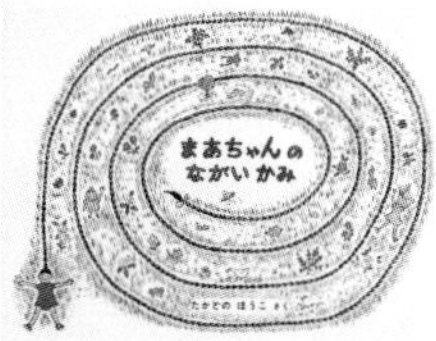

『まあちゃんのながいかみ』
たかどのほうこ 作　福音館書店

10/15

くったくたに疲れた夜。
できることなら、このままお布団にもぐりこんで
寝てしまいたーいと思うのですが、
おちびさんはとにかく元気。
「だいじょうぶ？」と聞いてくれるので、
いたわってくれているのだと思って
「ちょっと　疲れた〜」と言うと、
「つかれた　ちばう！」
「だいじょうぶ　でしょ！」
「おもちゃで　あそぼーよー」
とこうなります。
何事も体力勝負ですなあ。

おにぎり、とんかつ、ゆでたまご。にくまん、かまめし、カレー！ リズムのいい文章は、ぜひ声に出して読んでください。わくわくして、おなかもすいてくることでしょう。

『たべものうた』
たかぎあきこ 詩　やまわきゆりこ 絵　リーブル

10/20

保育園でお散歩に行ったおちびさん。
お寺の境内に落ちていたまつぼっくりを見て
「あ！　ブロッコリーおちてる！！」と大興奮だったそうです。
本当に落ちていたら、夢みたいやのに！

子どもにとって一番身近な大人はお父さんとお母さんでしょう。でもおじいちゃんかもしれないし、隣のおばさんかもしれませんよね。大人であれば、できればかっこよくいたい。目の前にいる子どもに正直でありたい。「あの人、大人のくせにちょっとええやん」と思われたいなと常日頃思っているのです。パパのカノジョは最高にクール。こんな大人になりたいなあ。そう、ハロウィンの変装にブロッコリーの着ぐるみを作っちゃうような！

『パパのカノジョは』
ジャニス・レヴィ 作　クリス・モンロ 絵　MON 訳　岩崎書店

10/29

「ジュースください」とおちびさんが言うので、
コップに入れてあげました。
ちゃぶ台まで運ぼうとしたのですが、
そこに行くまでに小さな段差がありました。
そこで困ったらしく、「じゅんちゃん　たすけて」と言うので、
「ゆっくり歩いたら大丈夫やに」と言うと、
眉間にしわを寄せて「こぼれそうなかんじ」と言ったので、
笑ってしまいました。
どこでそんな言い方、覚えるのでしょうねえ。

ある朝、よしおくんは、朝ごはんの牛乳瓶を倒してしまいました。驚いたことに、瓶からは牛乳がどんどんあふれるように出てきます。外は辺り一面まっしろ。牛乳の海になっていたのです……。なんとも不思議で愉快なお話。こぼすなら、これくらいこぼしてみたいですねえ。

『よしおくんがぎゅうにゅうをこぼしてしまったおはなし』
及川賢治　竹内繭子 作・絵　岩崎書店

11/11

おちびさんが「え　かいて」と紙とえんぴつを持ってきます。
「何がええの？」と聞くと「おかあさんのあかちゃん」とか
「かいだん」とか「ゴーヤ」とか言います。
先日は「とちゅう」描いてと言われて、
これには弱ってしまいました。
もっと「うさぎ」とか「ぞう」とか言ってほしいな。

まずはじめに　じめんをかく　つぎには　そらをかく　それから　おひさまとほしとつきをかく　そうして　うみをかく……。俊太郎さんの詩をそのまま、長さんが絵を描くと「こうなる！」のです。1979年に刊行されたのですが、長い間絶版になっていました。これが復刊されたのも、10年前。いい本はあるうちに、手元に置いておきたいものです。

『えをかく』
谷川俊太郎 作　長新太 絵　講談社

11/12

お風呂に入っているときに、あまり期待せずに「髪切っていい？」とおちびさんに聞いてみると奇跡的に「ええよ」と言うので、さっそく切ることにしました。
３回くらいジョキンジョキンとやると、「あんまりせんといてなくなるとあかんから」と言うので、「大丈夫！　いっぱい寝て、ごはん食べたらまた伸びてくるから」と言うと「そうか」と納得した様子。
またジョキンとすると、「もう　このままでええの」と言ってやっぱりいやがるので、中断することに。
翌朝、「あとちょっとだけええ？」と聞くと「もー　このままでええってきのう　ゆったやんかあ」と言われてしまいました。
「昨日言った」という言葉を聞いたのははじめて。
おおお！　賢くなってきていると少しびっくりしました。

寝ていても、遊んでいても、ごはんを食べていても、泣いていてもどんどん過ぎていく「時間」。早く感じる時も、なかなか進まないと感じる時も、同じ「時間」。子どもの頃は不思議で不思議で仕方のなかった「時間」。うまく説明できないけれど、この本を開くと少しわかる気がします。

『とき』
谷川俊太郎 文　太田大八 絵　福音館書店

12/27

おちびさん、魚が大好きです。
焼き魚や煮魚が特に好き。
食卓に並ぶとまずは自分の魚を、
次に私のを、最後にトビラノさんのお皿を狙います。
なので、魚の日はみんな必死に魚を口に運んでいるので、
食卓は静か……。
昨日はシャケの西京漬けを焼いたのですが、
私が皮をぱくりと食べると
「あ～　かわ～　ほしかったのに～」と嘆いていました。
保育園の給食に煮魚が出た日は
「もっともっと食べたくて、
なかなかごちそうさまを言わなかったんですよ」
と先生が話してくれました。
相当なくいしんぼうですねえ。

のらねこが夕飯時の町を「きょうのごはんなあに?」とパトロール。お隣さん、お向かいさん。こっちのおうち、あっちのおうち、みんなのいろんなおうちのごはんって覗くだけでとっても楽しい！　おいしいにおいがページいっぱいにあふれていますよ！

『きょうのごはん』
加藤休ミ 作　偕成社

2013/1/7

ある朝、突然おちびさんが
「なんか　さみしいきもち」と
言いました。
ちょっとどきっとして、「さみしいきもちってどんなん？」
と聞いてみると、途端にふざけた顔をして、
「えっとな　えっとな　ごーやってこと！」と言って
どこかに走って行ってしまいました。
一瞬、詩的な答えを期待した自分がおかしかったです。
その調子だ、３歳男子。
でもなぜ「ゴーヤ」なんやろか。
頭の中を見てみたいです。

きもち。目には決して見えないもの。言葉にもなかなかならないもの。でもみんなが持っているもの。こんな本を作ってくれた俊太郎さん、長さん、ありがとう。

『きもち』
谷川俊太郎 文　長新太 絵　福音館書店

1/13

新聞である有名な写真家のインタビューを読みました。
その人は「現代の荒れた日本人に、日本は素晴らしい自然の宝庫だということを改めて伝えたい」と言ってヘリコプターに乗って、写真を撮りに行くそうです。
「自然を切り離してしまった生活が、日本人をだめにしてしまっている」とも言っていました。
膨大な取材費をかけて、空から撮った壮大な大自然もいいけれど、この人は「じっちょりん」のことを知っているのかなと思いました。
自然のことが知りたければ、空を飛ぶより地面に顔を近づけたほうがいいのになと思いました。

アスファルトの割れ目、石畳の隙間、犬小屋の屋根の上……、普段は気にも留めないけれど、どんな隙間にだって、たくましく草や花が育っているものです。でもそれは、じっちょりんたちが種を運んで植えていたってご存知ですか？　どこかで小さな草花を見かけたら「じっちょりん」を探してみてくださいね。

『じっちょりんのあるくみち』
かとうあじゅ 作・絵　文溪堂

6/28

実家からボロボロになった『ぐりとぐら』をもらってきました。
おちびさんに「この本、知っとる？」と聞くと
「しらへ〜ん」と！
「そうかあ、はじめて読むんかあ、うらやましいなあ」
と思いつつ、その瞬間を一緒に迎えられるなんて
これこそ母の醍醐味だと思いました。
おちびさんが一番反応したのが、
げんこつでたまごを割るところ。
「あかんなあ、たたいたらあかんなあ
そーとしやな　あかんのになあ」
としきりに言っていました。

改めて声に出して読むと本当にいい絵本だと思います。その言葉のひとつひとつ、さり気なく描かれている仕草、どれをとっても子どもをひきつける魅力にあふれています。さすがいつの時代も子どもたちの真ん中にあり続ける絵本！

『ぐりとぐら』
なかがわりえこ 作　おおむらゆりこ 絵　福音館書店

第４章

本屋であるということ

出会いの瞬間に立ち会う喜び

店の棚から気になる本を取り出して、眺める。開いて数行を読んでみる。また棚に戻す。ぐるっと一周して、またその本のところに戻ってきて、手に取る。そんなふうにして、お客さんがその本を買おうとレジに持ってきてくれる瞬間が私は大好き。

「この本を今から読むんやなぁ」と思うと、うらやましくて仕方がない。

同じ本を何度でも読んだらいい。それも時間を置いて。一冊の本を何度か読み返すことは、ほかにたとえようのないくらい豊かなことではないかと思います。

たとえば『ピーター・パン』のストーリーはもちろんみんなが知っています。けれど、原作を読んだことのある人は、ひと握りではないでしょうか。

私が 10 歳の頃に読んだ『ピーター・パン』は、ピーターの好奇心や奔放さにドキドキし、ウェンディーのやさしさや苦労（私も弟がふたりいる）に共感し、その世界をたっぷりと楽しみました。あれから 20 年以上の時間を経て、再び開いた『ピーター・パン』は、確かに知ってはいるのだけれど、今まで出会ったことのない全く別の物語としてそこにあったのです。

まだ小さな息子の寝息を聞きながら開いたその本には、「どこのうちでも、いいおかあさんは、必ず毎晩、子どもたちの寝入ったあとで、子どもたちの心の中にあるものを、一度、ぜんぶひっくり返してから、ひとつひとつ、きちんと整理し、昼の間、あちこちに散らばっていたいろんなものを、それぞれ、もとのところへしまいこんで、翌朝すぐ間に合うようにしておくものです」とありました。

子どもの頃、読んだ時には、きっとなんとも思わずに読み過ごしていただろう、この一文が、その時の私には静かに深く染み込んでくるのがわかりました。

本は同じです。作家が書いたその時から、100年経っても必ず同じ。けれど読み手は変わっていきます。時代も環境も。10歳の女の子だった私と、子どもを産んで母親になった私は、同じ私であって、違う私。本ってこんなに受け皿の深いものだったのかと改めて感じました。また20年後に聞いてみよう。今度はどんな世界が待っていてくれるのかな。

子どもの記憶

メリーゴーランドは週末になると家族連れでにぎわいます。ある時、小さな男の子とお父さんとお母さんの家族が来てくれました。

お母さんは絵本が好きで、いろいろと質問をいただき、本を紹介しながらおしゃべりをしていました。するとお父さんがふと思い出したように「カメを散歩させる絵本ってある？」と言いました。

はて、カメと散歩する話……。そんな絵本あったかなと考えながら表紙の感じや本の形、お父さんの年齢など、いろいろ尋

ねながら「もしかしたらこれですか？」と、『かばくん』という絵本をお渡ししました。「かばちゃうねん、カメやねんなあ〜」と言いながら半信半疑で『かばくん』を開くと、そこには男の子がカメにひもをつけて一緒に歩く姿が。「あああ！　これやん！　これこれ、子どものころ大好きやったんやわぁ。今日はこれ買うことにしよ。それにしてもかばが主人公やなんて、いっこも覚えてなかったわぁ」。

　お母さんに連れられて、そんなに興味もないのに子どもの本を買いに来た様子のお父さんが一番盛り上がって喜んでくれました。きっと家に帰ってからもいろんな話が出て、『かばくん』は家族の大切な一冊になったのではないかな。感動の再会のお手伝いができたことがとてもうれしく、子どもの頃に読んで親しんだ本というのは、その人に特別な記憶と思い出を残してくれているんだなと思いました。

　それにしても子どもの頃の記憶っておもしろい。作者や読んでいる大人が思いもよらないところで子どもの想像力はどんどんと育っているのです。こんな愉快な話、私はあのお父さんに本を読んでやっていた人にこっそり教えてあげたいくらい。100人の子どもが読んだら100通りの感じ方や楽しみ方がある。それが絵本なのだと思います。

本はともだち

「娘のおみやげにしたいので、本を見繕ってもらえませんか？」。ある日、スーツ姿の男性から声をかけられました。出張で京都に来て、メリーゴーランドで本を買おうとわざわざ寄ってくださったのです。小学生の娘さんふたりに20冊くらい選んでくださいと言われ、「そんなにたくさんですか？」と驚く私に、「もうすぐ海外に移住するので、本をそばに置いてあげたい」と話してくださいました。

「本は重くてかさばるので引っ越しで処分しちゃった」とか、「大きくなったから絵本は人にあげた」というような話をよく聞くのですが、海外への引っ越しで荷物も大変なはずなのに、そこに本を入れてもらえることに感激して、私のとっておきを選ばせてもらいました。選びながら、この本たちが初めて暮らす異国の地での姉妹を楽しませたり、支えたり、励ましたりするのだろうなと思いを巡らせました。

読書というのは、とても個人的なもの。まだ字の読めない小さな子に読む絵本とはまた違って、物語は特別だと思うのです。それが言葉の違う国で読むのならなおさら。

「どうぞ、娘さんたちをよろしくね」という本に託した想いは、きっとお父さんも同じではないかなと思いました。そんなわくわくするようなそして背筋の伸びるようなご相談をいただくことがあります。

私は本を選ぶことしかできませんが、お手伝いできればうれしいし、本と誰かをつなぐ仲人さんのような気持ちでいるのかもしれません。

わがままな本屋

「どういう基準で、お店に置く本を選んでいるんですか？」

よく尋ねられる質問のひとつです。世の中にはたくさんの本が出版されているのに、うちの店にはたった4000冊ほどしか置いていないのですから、不思議に思われるのは当然かもしれません。

簡単に言うと、「好きなもの」としか言いようがありませんが、それでは答えにならないので、「子どもの頃に読んで、大人になってからもまた出会ってほしい本」とか、「ずっと本棚に並べていたくなるような本」とか言ってみたりします。

店主の増田さんが、「気に入った本しか店に置きたくない」と40年間言い続けているほど、頑固でわがままなので、私も立派にその部分を引き継いでいるのかもしれません。お客さんの中には「かなり偏ってますねえ」と言われる方もいらっしゃいますが、私は褒め言葉として受け止めています。だって、せっかく買ってもらうのだから、好きなものをおすすめしたい。そして、その本を気に入ってもらえたら、今度はこれをおすすめしたい！　と思うわけです。

「子どもが○歳なのですが、どんな本がいいですか？」

これもよく尋ねられる質問。

答えは明快で、「好きな本」が一番だと思います。読んであげる人、読む人が好きなお話、好きな絵が一番。赤ちゃんにだって好きな気持ちは絶対に伝わると思うので、育児書などで「赤ちゃんにおすすめの絵本」とあったからといって、気に入らない本を「いまいちやなあ」と思いながら読んでも、きっと赤ちゃんもつまらないと思います。そしてそのうち、子どもの好みがはっきりしてくるでしょう。子どもの欲しい本と大人の買いたい本の折り合いがつかない場面にもよく遭遇します。そんな時は「あんまり好きっちゃうねんなあ」とはっきりと伝えたらいいと思います。子どもも負けじと参戦してきますから、そこはじっくりとやりとりしてみてはいかがでしょうか？　ときどき、お店でそんな親子に私も助け舟を出したりします。どちらの味方をするかは時と場合によりますが……。

自然のとびら
Qomolangma
もりのこびとたち
I hope peace

死ぬってなんだろう？

ときどきお客さんから「死」をテーマにした本についてお尋ねいただくことがあります。

小さな子どもにとって「死」を理解するということは難しいことかもしれません。

昨日まで一緒に暮らしていたおじいちゃんが今日はもういない。いつもそばにいた猫にもう会えない。「どうして？」「なんでなん？」と聞かれたら、どう伝えたらいいか大人は悩むでしょう。

ストレートに伝えることももちろん大切ですが、物語の中の登場人物に子どもが自分自身を重ねながら、ゆっくりと受け入れるのを待つのもひとつかもしれません。

静かに、そして自分の死を受け入れる様子を迫力のある絵で描いた『ぼんさいじいさま』。大好きだった猫が死んだことを悲しんでいる男の子が「バーニーのいいところを10個思い出してごらん」とお母さんに言われ、死と向き合おうとする『ぼくはねこのバーニーがだいすきだった』。

ありきたりな言葉でその場をやり過ごすのではなくて、考える時間を一緒に持つことが大切なんだと思います。大人だってわからないことがたくさんあるのですから、一緒に悩めばいいと思うのです。この世に命を持って生まれてきたものには必ず訪れる「死」。それは残された人たちにたくさんのメッセージを残してくれているのですから。

子どものあなたへ

本に関わる大人として、心から子どもたちに本を読んでほしいと思います。

それは「生きる喜び」であり、「感じる心を育てること」であるからです。「豊か」とひと言で言ってもいろんな意味があると思うけれど、本を読んで少しずつ育った心は強く、たくましく、そして楽しいことを発見する力にあふれ、悲しいことやつらいことをちゃんと受け入れられる深さも備わっているはずです。これはとても「豊か」なこと。

大切なのは、それはあなた以外の誰にも見えないし、わからないということ。いや、あなたにだってわからないかもしれません。ごはんを食べなければおなかがすくし、力も出ない。では、本を読まなかったら？

別におなかがへるわけでもないし、おもしろいことはほかにいくらでもあるので、へっちゃらかもしれません。でも心はどうでしょうか。ごはんは体の栄養となり、血肉となってあなたを支えます。心に水や栄養を分けてくれる。それが本なのです。

子どもの頃に本を読んで、本のおもしろさを知っている大人には、そのことがちゃんとわかっているはず。その豊かさとかけがえのない記憶、大人になってからの思いがけない本との再会の喜び。子どもの頃に出会った物語はあなたを支え、励まし、一緒に大きくなってくれるのです。

私は子どもの時に本に出会ったおかげで言葉の持つ力やつらさ、もどかしさ、ささやかな喜びなど、たくさんの大切なものを本からもらったと思います。

本のある人生と本のない人生。選ぶことができるとしたら、私は迷わず本のある人生を生きたいし、子どもたちにも伝えていきたい。難しいことなんて何もなく、好きな本に出会ったら、思う存分楽しんで、じっくりと物語を味わってください。たったそれだけでいいのです。それは、土に種を蒔くのと同じことかもしれません。いつか種が芽を出し、花を咲かせ、そしておいしい実をつけますように。

大人になったあなたが「本を読んでいてよかった」と感じる瞬間にたくさん出会えますように。

＜本のもくじ＞

＊＊＝絶版　＊＝品切れ・重版未定（書籍の情報は 2016 年 5 月現在のものです）

p.10
『おにぎり』
福音館書店

p.11
『ぼくはあるいた まっすぐ まっすぐ』ペンギン社

p.12 ＊
『ぼくの島』
ほるぷ出版

p.13
『おだんごぱん』
福音館書店

p.14
『てがみをください』
文研出版

p.15
『うさぎさん てつだってほしいの』冨山房

p.16
『うまれてきた子ども』
ポプラ社

p.17
『あすは きっと』
童話館出版

p.18
『おおきなのはら』
光村教育図書

p.19
『はらぺこあおむし』
偕成社

p.20
『ねえ とうさん』
小学館

p.21
『空がレースにみえるとき』ほるぷ出版

p.22
『まえむき よこむき うしろむき』福音館書店

p.23
『おうちのともだち』
こぐま社

p.24
『ちいさいモモちゃん』
講談社

p.25
『おはなしばんざい』
文化出版局

p.26
『ぼくに きづいた ひ』
理論社

p.27
『いつも だれかが…』
徳間書店

p.28
『せかいの はてって どこですか?』童話館出版

p.29 ＊
『しゃっくり 1かい 1びょうかん』福音館書店

p.30
『ちいさいモモちゃん ルウのおうち』講談社

p.31 ＊
『ぼくはいろいろしってるよ』福音館書店

p.32 ＊
『花になった子どもたち』
福音館書店

p.33
『パパがやいたアップルパイ』ほるぷ出版

p.34
『すみれおばあちゃんのひみつ』偕成社

p.35
『カボチャありがとう』
架空社

p.36
『たいせつなこと』
フレーベル館

p.37
『まよなかさん』
ゴブリン書房

p.38
『しろいうさぎとくろい
うさぎ』福音館書店

p.39 ＊＊
『はる なつ あき ふゆ』
ほるぷ出版

p.40
『木はいいなあ』
偕成社

p.41 ＊
『がっこう』冨山房

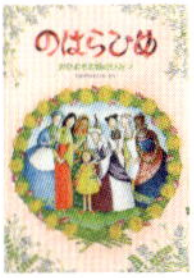

p.42
『のはらひめ』
徳間書店

p.43
『りんごとちょう』
ほるぷ出版

p.44
『おくりものはナンニ
モナイ』あすなろ書房

p.45
『世界昆虫記』
福音館書店

p.46
『三匹の犬の日記』
架空社

p.47
『ふくろうくん』
文化出版局

p.48
『ルピナスさん』
ほるぷ出版

p.49
『ちいちゃんのたから
もの』学研

p.50 ＊
『ちいさいケーブルカー
のメーベル』ペンギン社

p.51 ＊
『あじのひらき』
福音館書店

p.52
『思い出のマーニー』
岩波書店

p.53
『スパゲッティになり
たい』学研

p.54
『うさぎ』冨山房

p.55
『とっときのとっか
えっこ』童話館出版

p.56
『しろくまちゃんのほっ
とけーき』こぐま社

p.60
『わたしのろばベン
ジャミン』こぐま社

p.61
『子どもたちの遺言』
佼成出版社

p.62
『じめんのうえとじめ
んのした』福音館書店

p.63 ＊
『まだですか?』
福音館書店

p.64 ＊＊
『ぼくたちのかしの木』
文化出版局

p.65
『おなかの大きい小母さん』大日本図書

p.66
『ポッケのワンピース』
学研

p.67 ＊
『おへやの なかの おとの ほん』
ほるぷ出版

p.68
『ノンちゃん雲に乗る』
福音館書店

p.69
『みんながおしえてくれました』絵本館

p.70 ＊
『おりょうりとうさん』
フレーベル館

p.71
『いっしょってうれしいな』童話屋

p.72
『セミくんいよいよこんやです』教育画劇

p.73
『ありとすいか』
ポプラ社

p.74
『よあけ』
福音館書店

p.76
『あかちゃん』冨山房

p.77
『そらいろのたね』
福音館書店

p.78
『わにになった子ども』
新樹社

p.79
『きみのからだのきたないもの学』講談社

p.80
『ぎゅうぎゅうかぞく』
鈴木出版

p.81 ＊
『ねこのパンやさん』
徳間書店

p.82
『あかちゃんのゆりかご』
偕成社

p.83
『だくちる だくちる
はじめてのうた』
福音館書店

p.84
『バスラの図書館員
イラクで本当にあった話』
晶文社

p.85
『アボカド・ベイビー』
ほるぷ出版

p.86
『おばさんのごちそう』
絵本館

p.87
『とらのゆめ』
ビリケン出版

p.88
『ぐるんぱのようちえん』
福音館書店

p.89
『おつかいさえこちゃん』
偕成社

p.90
『二分間の冒険』
偕成社

p.91
『おなかのすくさんぽ』
福音館書店

p.92
『かあさんになったあーちゃん』偕成社

p.93
『バスにのって』
偕成社

p.94
『雪のかえりみち』
岩崎書店

p.95 ＊＊
『レナレナ』
リブロポート

p.96
『おふとんのくにのこびとたち』偕成社

p.97 ＊
『ピンクがすきってきめないで』講談社

p.98
『たね そだててみよう』
福音館書店

p.99
『おやすみなさいネムネムちゃん』くもん出版

p.100
『小さい水の精』
徳間書店

p.101 ＊
『スプーンおばさん
ちいさくなる』偕成社

p.102
『わにさんどきっ はいしゃさんどきっ』
偕成社

p.103
『おそばのくきはなぜあかい』岩波書店

p.105
『おじいちゃんが
おばけになったわけ』
あすなろ書房

p.106
『おはよう』
グランまま社

p.107
『これは なみだ?』
福音館書店

p.108
『おでかけばいばいのほん』福音館書店

p.109
『赤毛のアンの手作り絵本Ⅰ～Ⅲ』白泉社

p.111
『きみがしらないひみつの三人』徳間書店

p.112 ＊＊
『ぼくのおさるさんどこ?』文化出版局

p.113
『おつむ てん てん』
金の星社

p.115
『ひみつだから！』
岩崎書店

p.116
『ことばのこばこ』
瑞雲舎

p.117
『いやだいやだ』
福音館書店

p.118
『森にめぐるいのち』
フェリシモ出版

p.119
『どんどん どんどん』
文研出版

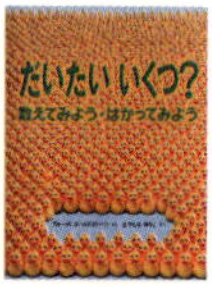

p.120
『だいたいいくつ?
数えてみよう・はかって
みよう』福音館書店

p.121 *
『あっ おちてくる ふって
くる』あすなろ書房

p.122
『トマトさん』
福音館書店

p.123
『わにわにのごちそう』
福音館書店

p.128
『あくたれラルフ』
童話館出版

p.129
『くだもの』
福音館書店

p.130
『なるほど 忍者大図鑑』
国土社

p.131
『わたしのワンピース』
こぐま社

p.132
『イモムシハンドブック』
文一総合出版

p.133
『かぼちゃスープ』
アスラン書房

p.134 *
『ちいちゃな女の子のうた
わたしは生きてるさくらんぼ』
ほるぷ出版

p.135
『どっからたべよう』
農文協

p.136
『おひさまのたまご』
徳間書店

p.137
『なにを作ろうかな＆
どうやって作るの』
ファイドン

p.139
『ぼくのくれよん』
講談社

p.140
『おべんとう』
福音館書店

p.141
『めの まど あけろ』
福音館書店

p.142
『よるとひる』
童話館出版

p.143
『あめかな!』
福音館書店

p.144
『雨、あめ』評論社

p.145
『いっしょに きしゃに
のせてって!』瑞雲舎

p.146
『みんなのかお』
福音館書店

p.147
『くうき』理論社

p.148
『コッコさんのおみせ』
福音館書店

p.149
『たぬきのじどうしゃ』
偕成社

p.150
『かえるのじいさまと
あめんぼおはな』
教育画劇

p.151
『はまべには いしが
いっぱい』好学社

p.152
『きんぎょがにげた』
福音館書店

p.153
『こっぷ』福音館書店

p.154
『うんちがぽとん』
アリス館

p.155
『マックスが どうしても
あげたいものは……』
ほるぷ出版

p.156
『たいふうがくる』
BL 出版

p.157
『あかちゃんのうた』
童心社

p.159
『いつもちこくのおと
このこ』あかね書房

p.160
『土の色って、どんな
色?』福音館書店

p.161
『わたし』福音館書店

p.162
『パンツのはきかた』
福音館書店

p.163
『まあちゃんのながい
かみ』福音館書店

p.164
『たべものうた』
リーブル

p.165
『パパのカノジョは』
岩崎書店

p.166
『よしおくんがぎゅう
にゅうをこぼしてしまっ
たおはなし』岩崎書店

p.167
『えをかく』講談社

p.168
『とき』福音館書店

p.169
『きょうのごはん』
偕成社

p.170
『きもち』福音館書店

p.171
『じっちょりんのある
くみち』文溪堂

p.172
『ぐりとぐら』
福音館書店

鈴木 潤（すずき じゅん）

1972年三重県四日市市生まれ。子どもの本専門店「メリーゴーランド 京都」店長。ふたりの男の子の母。少林寺拳法弐段。
「メリーゴーランド 四日市」で企画を担当し、国内外の作家や子どもの施設を訪ねるツアー、子どもキャンプなどを手がける。2007年、京都店の出店と共に京都に移住し、店長を務める。雑誌、ラジオ、テレビなどでの絵本の紹介、子育てにまつわるエッセイの執筆、講演会など、多方面で活躍。また、子育て中の友人と3人で、親子でさまざまな体験ができるイベント「ちっちゃいパレード」を主催。

「やっぱりおもしろいで、本にしよ」と言ってくれた友人、宮下亜紀さんに感謝します。

メリーゴーランド 京都

京都の四条河原町にある、クラシカルなビルの5階に、2007年オープン。絵本をはじめ、児童文学、小説や写真集なども揃い、大人も子どもも一緒に楽しめる。併設のギャラリーでは、本の世界とのつながりを感じた、絵や木工、洋服など、さまざまなジャンルの展覧会を開催。

京都市下京区河原町通四条下ル市之町251-2 寿ビル 5F
TEL/FAX 075-352-5408
11:00 ～ 19:00　木曜休

メリーゴーランド 四日市

1976年、ひげのおっさんこと、店主の増田喜昭が始めた、子ども本専門店。本屋に隣接して、雑貨、喫茶スペースがある。作家を招いて毎月レクチャーを行う、多目的ホールも。子どもと美術を遊びでつなぐワークショップ「あそびじゅつ」、出張本屋、ひげのおっさんのブックトークなど、イベントも充実。宅配便で毎月本を届ける、ブッククラブは京都、四日市共に人気。

三重県四日市市松本3-9-6
TEL. 059-351-8226　FAX 059-351-3472
10:00 ～ 19:00　火曜休

メリーゴーランド　ホームページ
http://www.merry-go-round.co.jp

＊1章から3章の文章は、2008年2月から2013年6月までの『本を読む日々』（メリーゴーランドホームページに掲載）を元に、加筆修正をしたものです。